L'IDENTITÉ CONTRE LA RAISON

Comment peut-on être communautariste ?

Jean Pierre Le Mat

Jean Pierre Le Mat, Hent Lanvoy, 29590 Ar Faou (Brittany via France)
ISBN : 978-2-9587033-7-0

Table des matières

AVERTISSEMENT

L'énergie dont il est question dans ce livre est à la fois nouvelle et très ancienne. C'est une énergie sauvage, capable du meilleur comme du pire ; elle est nommée *communautaire* par les uns, *communautariste* par les autres. Elle charrie des mots comme « solidarité », « partage », « bienveillance », « sens de la vie ». Elle en sature les médias et les cerveaux.

Cette énergie a renversé la maxime qui symbolise la modernité, *Je pense donc je suis*. Désormais, *je suis donc je pense*. Le basculement nous introduit dans un nouveau monde. Un concept est apparu, qui coiffe cette sarabande : l'identité. L'identité renvoie les pensées humaines à leur diversité, et par là même à leur limitation dans l'espace et dans le temps.

Pour l'explorer, pour en parler, il faut partir de ce qui existe. Il faut partir des réalités mouvantes et bariolées et non pas d'une vérité unique et suffisante. Il serait malhonnête d'en faire un livre de réflexions délocalisées. Les réalités diverses ne se déduisent pas de généralités. Au mieux peut-on espérer l'inverse, mais ne nous faisons pas trop d'illusions là-dessus non plus. Je partirai donc de mon expérience vécue des identités, que je confronterai aux abstractions émises par des penseurs reconnus. Leurs paroles sont utiles lorsqu'elles énoncent clairement ce que chacun de nous peut par ailleurs créer, ressentir, ou simplement admettre.

Je ne suivrai pas une ligne directrice, mais deux lignes qui convergent, non pas vers un point de fusion ou de désintégration, mais vers un nouveau point de départ. Chaque chapitre nous mène vers un nouvel horizon dans notre voyage.

La Raison	**L'identité**
Chapitre 1 – L'art de penser	Chapitre 4 – Qu'est-ce que l'identité ?
Chapitre 2 – Être avant de penser	Chapitre 5 – Une revendication post-moderne
Chapitre 3 – J'ai vu mourir Descartes	Chapitre 6 – Nos trois identités

Chapitre 7 – L'identité sous contrôle
Chapitre 8 – Les identités hors contrôle
Chapitre 9 – Sens de la vie et identité communautaire

LA DROSOPHILE DU COMMUNAUTARISME

La drosophile est une espèce de mouche. Les milieux scientifiques en ont fait un animal célèbre. Les observations sur la drosophile ont permis de comprendre bien des mécanismes de la transmission des caractères. Des expériences fondamentales pour la génétique ont été faites sur cet insecte.

Existerait-il une drosophile du communautarisme, c'est-à-dire une communauté particulière, qui pourrait servir de modèle pour l'étude globale du phénomène ?

Le meilleur représentant du communautarisme semble être l'immigré arabo-musulman. Avec lui, le portrait du colonisé[1] s'est renversé. L'ancien colonisé était inoffensif et soumis. Il s'est transformé en son contraire : il est devenu dangereux, rebelle, redoutable, intelligent, démoniaque. Il ne cherche plus à ressembler aux Français. Pire, il s'en moque, quand il ne les haït pas. Il est capable de tout. Son attachement à l'Islam fait de lui un équivalent des sorcières d'il y a 500 ans.

Pourtant, l'immigré arabo-musulman n'est pas la bonne drosophile du communautarisme, pour plusieurs raisons.

D'abord, parce qu'il est impossible de savoir si la grille de lecture relève du communautarisme de l'observé ou du racisme de l'observateur. Les observations ne peuvent jamais être classées avec certitude dans une catégorie ou dans une autre.

La deuxième raison est que la solution *« retourne chez toi ! »* brouille l'idée même de communauté. Un communautarisme authentique ne doit pas pouvoir être renvoyé à une société extérieure, dont il ne serait qu'une émanation. Ce serait nier son enracinement et donc la possibilité d'en faire un objet d'étude à part entière. La sorcière est bien de chez nous.

La troisième raison est la distance culturelle. Plus cette distance est grande, plus l'allogène aura tendance au repli, ce qui est un phénomène différent du communautarisme.

Je propose de faire de la Bretagne la drosophile du communautarisme.

D'abord parce que je suis breton. Je connais cette communauté de l'intérieur. J'ai vécu ses pulsions communautaires, j'y ai participé. J'ai publié des livres sur son histoire, sur son économie, sur ses mythes, sur son avenir.

La Bretagne est communauté linguistique. Le breton n'est pas une déformation du français, mais une langue celtique comme l'irlandais ou le gallois. Elle est communauté culturelle. Nous avons le biniou et la bombarde, notre musique, nos danses, nos arts martiaux, notre gastronomie, nos fêtes, nos usages, nos solidarités, notre diaspora. La Bretagne n'est pas un sous-produit.

Les Bretons ont une approche spirituelle originale, étrangement persistante. Les catéchismes unitaires, qu'ils soient religieux ou laïques, n'empêchent pas le culte de centaines de saints, les bénédictions de la mer, des bateaux, des animaux. Le culte de morts est ici très particulier, et la Toussaint chrétienne coiffe des traditions sans doute plus anciennes que le christianisme. Voilà bien une spiritualité enracinée dans une terre, qui se cache sous le manteau étoilé des universalismes dominants, religieux ou politiques. Sans faire de nous des rebelles, notre approche des questions spirituelles révèle sans doute une approche socio-politique qui pourrait bien être de type tellurique, différente de l'approche républicaine classique, à prétention universelle.

Le communautarisme breton se nourrit par ses racines historiques. La Bretagne a été un pays souverain pendant plusieurs siècles, puis une province autonome jusqu'en 1789. Lors des grands événements fondateurs de la France moderne, la Révolution de 1789, la Résistance, il s'est trouvé des Bretons dans les rangs ennemis. Lors de la Commune de Paris en 1871, annexée au roman national français, la répression a été menée par des régiments bretons. Toutes ces occurrences nous rendent suspects. Le communautariste authentique est un traître potentiel. L'accusation de séparatisme, qui appelle à la réprobation et donne des frissons encore plus intenses que l'accusation de communautarisme, devient compréhensible et pertinente quand elle s'applique aux Bretons ; il n'est que de voir les bombages qui ornent nos routes. Breizh Dieub ! Bretagne libre !

À la différence de l'immigré arabo-musulman, la qualité de français *de souche* ne sera pas déniée au Breton. Ceci permet de bien montrer que le communautarisme est un problème interne à une société. La différence entre communauté et société est nécessaire pour comprendre ce qu'est le communautarisme. Nous allons le voir.

Pour ceux qui redoutent le communautarisme, l'avantage de choisir la Bretagne pour modèle expérimental est que la crainte des ravages meurtriers liés aux communautés peut être écartée. Certes, il y eut des violences et des attentats en Bretagne. C'est cette forme, à la fois atténuée et caractéristique, qui intéresse le biologiste à la recherche d'un vaccin, dans le but de soigner un mal plus étendu ou plus virulent, un mal qui peut être mortel.

D'autres, à l'inverse, soupçonnent que la diversité des appartenances contribue positivement au « vivre-ensemble ». Il nous faut évaluer les gains que les communautés apportent au « bien commun ». Ces gains existent à l'échelle de la communauté, mais pas seulement. Les confrontations intercommunautaires peuvent être fécondes. Les interrelations imprègnent l'histoire de l'humanité et les progrès de la civilisation.

L'avantage du choix breton dépasse donc la pure étude théorique, ou l'espoir d'un vaccin contre une maladie. Il existe dans ma péninsule toutes les formes de repli, de rébellion et de différenciations attribuées au communautarisme. Il s'y manifeste aussi toutes les formes de solidarité et de partage attribuées aux comportements communautaires. Nous disposons là d'un modèle expérimental qui éclaire les mystères de la transmission culturelle, du sentiment d'appartenance et de la cohésion de groupe.

Enfin, dernier argument, inutile mais drôle. Connaissez-vous l'étymologie du mot *drosophile* ? *Drosos* et *philos* sont deux mots grecs, et l'ensemble veut dire *« qui aime la rosée »*. Or, tout le monde le sait, mon pays est célèbre pour son humidité…

Premier chapitre

L'ART DE PENSER

Les pensées sont les matériaux de la raison et du raisonnement. Dans ce chapitre, la primauté de la pensée est abordée comme l'un des piliers de la modernité occidentale. Cette primauté de la pensée se présente sous différentes formes. Il nous faut, avant de commencer ce voyage, prendre un peu de liberté avec le conformisme et les pensées dominantes.

LA PENSÉE, PRÉALABLE À LA RAISON

Je pense, donc je suis.

J'étais prédestiné à y croire, à cette exhortation de René Descartes. Mes parents m'ont poussé vers les *études supérieures* pour que je sache penser, pour que je puisse vivre de ma pensée. Penser pour exister. Exister au-delà de notre coin de Bretagne, blotti dans la verte campagne entre la ville de Morlaix et le village de Garlan. Mon père était artisan. Ma mère, lorsqu'il fallut payer les études des enfants, quitta l'atelier familial pour une activité mieux rémunérée. Elle devint éducatrice puis institutrice dans une institution qui s'occupait d'enfants que l'on appelait alors des *débiles légers*. Elle m'a fait rencontrer des gosses de mon âge qui avaient du mal à penser.

Pour exister, il faut d'abord penser.

L'importance de la pensée imprègne l'histoire humaine. En Chine, vingt-six siècles avant nous, Confucius enseigne que la réflexion trace la voie la plus noble vers la sagesse. En Grèce, cent cinquante ans plus tard, Platon est convaincu que les idées l'emportent sur ce qui nous semble être la réalité. Une farandole de philosophes de tous les temps et de tous les pays nous persuade que la pensée est une source de bienfaits. *« Toute notre dignité consiste donc en la pensée »* nous souffle Blaise Pascal, contemporain de René Descartes.

L'histoire de la pensée, c'est l'histoire de l'humanité.

Au XIXe siècle, Auguste Comte, philosophe sérieux, énonce la *« Loi des trois états »*. L'évolution humaine correspond à trois états de la pensée. Tout commence par l'état théologique. Puis vient l'état métaphysique, enfin l'état positif. Auguste Comte survole le monde, mais il se rend à peine compte que son point de vue est localisé, à la fois dans l'espace et dans le temps. Son état théologique correspond à la féodalité -*française, bien sûr*. Le Siècle des Lumières -*français, évidemment*- illustre l'état métaphysique. L'état positif apparaît avec l'explication scientifique. Sa venue est annoncée -*en France*- par le maître du positivisme, Auguste Comte lui-même. Comte prétend décrire *« l'entière évolution intellectuelle de l'humanité »*. Ainsi se généralise, pour tous les temps et tous les lieux, le point de vue d'un Français du XIXe siècle ! Pensée universelle !

Gaston Bachelard, philosophe facétieux, reformule une dualité classique en plagiant la loi des trois états. Le premier état est le concret ; la pensée s'appuie sur l'observation de la nature. Le second est un état intermédiaire entre le concret et l'abstrait, bref un non-état. Le troisième état est l'abstrait, où la pensée se nourrit d'elle-même.

Les psychanalystes reprennent le schéma en trois phases. Ils mettent de côté la métaphysique. Ils coupent l'état théologique en deux moitiés, la phase animiste et la phase religieuse proprement dite. Ensuite vient la phase scientifique, identique à l'état positif de Comte.

La religion, que tous ces gens regardent de haut, n'est pas en reste dans l'exaltation de la pensée. Depuis bien longtemps, elle a transféré la toute-puissance de l'esprit à l'*Esprit tout puissant*, avec un grand E. Le pur Esprit peut tout, mais sa sagesse infinie le garde d'intervenir inutilement dans les affaires terrestres. L'homme récupère une part de puissance de l'esprit divin de différentes façons : par l'ascèse, l'éducation, la soumission, les rites, les actes saints, la contemplation. J'en passe, et des plus étranges.

À l'aube des temps modernes, la science revendique à son tour la pensée. Elle ramène vers l'homme la puissance de l'esprit. Elle se veut optimiste. Elle ne peint pas de danses macabres sur les murs de ses laboratoires. Elle s'invente des utopies. Elle croit au progrès. La toute-puissance de l'esprit réside en l'homme.

Après la guerre 39-45, l'optimisme scientifique s'interroge. Les génocides et la bombe atomique étaient bien des fruits de l'esprit humain. Freud, déjà, avait remarqué que la névrose obsessionnelle, et finalement toutes les névroses, se fondent sur la toute-puissance des idées.

Je pense donc je suis...
Serait-ce là une vieille hallucination ?

PENSER COMME IL FAUT

« L'homme est visiblement fait pour penser.
C'est toute sa dignité et tout son mérite ;
et tout son devoir est de penser comme il faut. »
(Blaise Pascal. Pensées)

La bien-pensance s'habille de diverses façons, selon les lieux et selon les époques. Il y a cinquante ans, le bien-pensant naviguait entre la morale chrétienne et le civisme républicain. Le bien-pensant navigue aujourd'hui entre la préoccupation écologique, la préoccupation sociale, le respect des minorités sexuelles.

Autrefois, Blaise Pascal affirmait que l'on se doit de penser *« comme il faut »,* sans vraiment nous définir ce *« comme il faut ».*

Sans doute avait-il vu, lui aussi, de son temps, évoluer la bien-pensance…

Lors de la Renaissance, il y a environ cinq cent ans, les anciens textes grecs et latins sont traduits et deviennent accessibles. Curieusement, ce retour vers le passé se révèle être une formidable nouveauté. Des thèmes, jusqu'alors considérés comme impropres, retrouvent droit de cité. Qu'est-ce qu'un bon gouvernement ? Qu'est-ce que la connaissance ? Que s'est-il passé à l'origine du monde ? Autant de questions que le pouvoir spirituel ne pouvait accepter sans la caution d'auteurs prestigieux. Par chance, l'ancienneté a valeur de sagesse.

Près de deux mille ans plus tôt en Grèce, Platon avait écrit des dialogues enjoués, évitant ainsi la sécheresse d'un exposé doctrinal. Les meilleurs penseurs de la Renaissance suivent son exemple. Le philosophe Érasme de Rotterdam envoie à son ami anglais Thomas More un texte bien troussé sur l'importance de la pensée. Il joue sur le paradoxe en mettant en question les raisonnements et en faisant parler la folie. *« Rien n'est plus spirituel que de faire servir les frivolités à des choses sérieuses »* écrit-il à son ami le 9 juin 1508, en lui dédicaçant son livre.

L'Anglais, cinq ans plus tard, écrit un texte tout aussi décalé, *L'Utopie*[2]. L'ouvrage transpire de la croyance que la pensée pousse le progrès social en avant. Après avoir critiqué une Angleterre ruinée par ses nobles et une France rongée par ses ambitions, il disserte plaisamment, comme Platon, sur ce que doit être un bon gouvernement. Les lois de l'île d'Utopie et des contrées environnantes sont citées comme des exemples de ce que pourraient faire les gouvernants.

L'approche apparaît enjouée. Mais, sous la plume de Thomas More, penser *« comme il faut »* devient sinistre. Villes bâties sur le même plan. Obligation de déménager tous les dix ans pour ne pas s'enraciner. Maisons toutes identiques. Repas collectifs à heures fixes. Mêmes vêtements pour tout le monde. Les jeux sont interdits. L'écrivain se rend compte que son rêve de progrès social n'a, finalement, rien d'attirant. Il conclut de façon énigmatique : *« Il y a chez les Utopiens une foule de choses que je souhaite voir établies dans nos cités. Je le souhaite plus que je ne l'espère. »*

Érasme de Rotterdam et Thomas More ont créé un décalage, qui permet de situer le *comme-il-faut* de leur époque. Les deux compères, tout au long de leurs ouvrages, n'hésitent pas à le désigner et même parfois à le dénoncer. Mais ils ne sont pas des révolutionnaires. Ils savent que le *comme-il-faut* est une nécessité pour qu'émerge ce dont ils rêvent : un ordre social, une harmonie, bref une manière de vivre ensemble.

Bien des années après la mort des deux amis, le décalage par rapport au *comme-il-faut* fait son entrée dans la législation. L'article 11 de la Déclaration des Droits de l'Homme et du Citoyen de 1789 institue une liberté de pensée, mais une liberté surveillée. *« La libre communication des pensées et des opinions est un des droits les plus précieux de l'Homme : tout Citoyen peut donc parler, écrire, imprimer librement, sauf à répondre de l'abus de cette liberté dans les cas déterminés par la Loi ».*

Ah, la liberté !... Mais limitée par la loi, interprétée par des juges... Cet article ne sert à rien.

La Déclaration Universelle des Droits de l'Homme de 1948 est moins contraignante. Elle n'encadre ni la liberté de pensée, ni la liberté d'expression. *« Article 18. Toute personne a droit à la liberté de pensée, de conscience et de religion ; ce droit implique la liberté de changer de religion ou de conviction ainsi que la liberté de manifester sa religion ou sa conviction, seule ou en commun, tant en public qu'en privé, par l'enseignement, les pratiques, le culte et l'accomplissement des rites. »*

Une liberté ignorante du bien commun... Cet article est inapplicable.

Le *comme-il-faut* est le cauchemar de l'anarchiste, mais c'est une nécessité sociale. Avec ou sans une Déclaration des Droits, par ailleurs inutile ou inapplicable, la vie en commun impose une communauté de pensée. La communauté de pensée est minimale dans une société libérale ; mais plus le social prend de l'importance, plus il est nécessaire de penser *comme-il-faut*. Il en est de même pour toute communauté humaine. La tribu, la religion, la nation n'existent que s'il existe une pensée tribale, une pensée religieuse, une pensée nationale. Ce qui est vrai pour maintenir une collectivité est encore plus vrai quand il existe un projet collectif ; le futur impose un *comme-il-faut*. Les idéaux et les idéologies font naître un *comme-il-faut* bien plus impératif que les dictatures. *« Qu'ils me haïssent, pourvu qu'ils me craignent »* soupirait l'empereur Néron. Les régimes totalitaires du XXe siècle ont été bien plus invasifs ; ils ont poussé le *comme-il-faut* jusque dans l'intimité des pensées individuelles. Même la haine, qui indifférait l'empereur romain, est contrôlée.

Je pense donc je suis.
Je pense *comme il faut*, donc je suis *comme il faut*.

LA RAISON, UN CERCLE VICIEUX

Je pense donc j'existe. J'existe parce que je pense, parce que je *me* pense. Ainsi s'exprimait le serpent tentateur du Paradis terrestre, quand il a appris au premier homme à penser par lui-même. Mais le serpent de l'humanité pensante se mord la queue.

Pensée circulaire.

Avant que Descartes n'advienne, mes ancêtres apprenaient : *« Dieu est pur esprit. Il m'a pensé, donc je suis ».* Il y avait là quelque chose qui correspondait au principe de causalité. La cause était séparée de l'effet. Le créateur est Dieu, le pur esprit, la pensée par excellence. L'homme est la créature. Il a été modelé comme le pot de terre sur le tour de l'artisan. *« Alors Dieu modela l'homme avec la glaise du sol, il insuffla dans ses narines une haleine de vie et l'homme devint un être vivant » (*Genèse 2, 7).

Descartes vint et inventa la raison.

La raison ? Une boucle de rétroaction où l'homme est à la fois cause et effet. Dieu se retire, même si Descartes n'ose pas le congédier. L'extraordinaire suppression est sublimée par un nouveau *comme-il-faut*. J'imagine la scène : La police disperse la manifestation de l'*Esprit* au nom de la *Raison.* L'ordre nouveau règne.

La manifestation dispersée laisse néanmoins un trouble. L'ombre de Dieu subsiste. Descartes la nomme. Il l'appelle Doute. *« Ne recevoir jamais aucune chose pour vraie »*.

Avec le doute, la vérité devient mobile. Le frétillant couple *doute-vérité* est mis au service d'une nouvelle entité tout puissante. Quelle est cette nouvelle divinité ? Elle se nomme Existence. Je peux tout penser ; je peux même, si je le veux, penser Dieu. Et, au-delà, j'existe, je suis. Être, voilà l'aboutissement, la valeur suprême. Science, logique, observation seront les méthodes pour y parvenir.

Afin d'être, je pense. La pensée pure irradie les premiers pas de la révolution cartésienne. Elle vibre entre doute et vérité, et ainsi devient compréhension d'un monde mouvant. Copernic met le soleil au centre de l'univers. La Terre de Galilée est ronde. Newton est frappé par la gravitation universelle. Adam Smith relie richesse et travail. Quelle importance ont ces spéculations, sans rapport avec la vie quotidienne ? Énorme importance ! Une révolution s'ébroue.

Spéculations philosophiques, morales, politiques… Machiavel doute du pouvoir des titres et lui préfère le pouvoir sur les hommes. Voltaire doute du dogme et lui préfère le raisonnement. Rousseau doute du pouvoir des rois et lui préfère le pouvoir des lois. Adam Smith doute de l'or et lui préfère l'activité humaine. D'un côté, le monde d'avant : les titres, les dogmes, les rois, l'or. De l'autre, le monde d'après : les hommes, la raison, les lois, le travail. De nouvelles vérités apparaissent. « Humanisme » est le nom qui est donné à la route qui y mène.

Au XIXe siècle, la pensée se structure. Après le couple *doute-vérité* viennent les plans d'une nouvelle société. À l'idée succède l'idéal. Après les architectes viennent les maçons. Ensuite, à l'idéal succède l'idéologie. Après le maçon vient le promoteur immobilier.

Construire un bâtiment et y héberger des habitants. Construire un système et y enfermer le monde… L'algorithme de Darwin, *reproduction-variation-sélection*, démystifie la nature. La dialectique de Marx, *classe contre classe*, explique l'histoire humaine. La différenciation de Nietzsche, *forts-faibles*, décortique la morale. Bien sûr, chaque système comporte plusieurs algorithmes, plusieurs dialectiques, plusieurs différenciations. Mais, quoiqu'il en soit, le « donc » devient important.

Après le « je pense », le « je suis » devient la clé de tout. Je pense donc j'existe ; La pensée est l'outil, l'existence le but. Place aux *entrepreneurs*, aux hommes d'action, aux décideurs ! *« Un homme n'est rien d'autre qu'une série d'entreprises, il est la somme, l'organisation, l'ensemble des relations qui constituent ces entreprises »*. Ainsi parlait Jean Paul Sartre.

D'exister à jouir de l'existence, il n'y a qu'un pas. Derrière les penseurs de l'existence se pressent les nouveaux libertins, épicuriens, hédonistes, exploiteurs, profiteurs de toutes sortes. Le profit explique tout, justifie tout. Le profit prend de multiples formes : matériel, immatériel, financier, moral, intellectuel, sanitaire, social…

Avec la pensée et le progrès, le profit sera un des derniers mots de cet épisode historique que l'on nomme la modernité…

PENSER LIBREMENT

« La libre pensée ne constitue souvent qu'une croyance, qui dispense de la fatigue de penser »
(Gustave Le Bon, 1841-1931)

L'expérience m'a montré que, pour agir librement, mieux vaut avoir la force avec soi. Et que, pour penser librement, mieux vaut ne pas l'avoir.

Dieu a les mains libres ; Satan a l'esprit libre.

Attardons-nous quelques instants sur la « Libre-Pensée ». Ce mouvement historique finissant se veut à la fois libre et pensant, bref idéal. Eh bien, l'idéal s'est détérioré lorsqu'il est devenu dominant. Satan est devenu Dieu et ça ne l'a pas amélioré.

La Libre-Pensée naît au XIXe siècle d'une révolte contre les pouvoirs du clergé. Elle se cristallise d'abord autour des enterrements. La volonté minimale, qui rassemble les libres-penseurs, est celle de mourir et d'être enterré hors de toute religion. À partir de cette base commune, les revendications se diversifient. Laïcisation de l'éducation, des services hospitaliers, de l'armée. Laïcisation de l'espace et du temps, du nom des rues, des statues, des fêtes chômées, du droit de procession. Bien d'autres revendications apparaissent, le plus souvent du domaine symbolique : le serment judiciaire est laïcisé, le crucifix est retiré des lieux publics.

La grande période de révolte anticléricale s'étend entre 1848 et 1905. Les enterrements civils se multiplient, glorieux pour les uns -comme Victor Hugo-, difficiles et courageux pour les anonymes. Les victoires s'accumulent. Le personnel des hôpitaux se laïcise à compter des années 1870. Au cours des années 1880, un ensemble de lois est voté pour la laïcisation de l'éducation. Les cimetières sont laïcisés en 1881. En 1889, les séminaristes sont astreints au service militaire. Le 9 décembre 1905 est votée la loi de séparation des Églises et de l'État

Après le temps des victoires vient la période des grands pamphlétaires, grosso modo entre 1905 et 1960. Le précurseur en avait été Leo Taxil. Il fait paraître *La Bible amusante* à partir de 1897, sous la forme de 67 petits fascicules. Cet ouvrage fait suite à une fantastique imposture. Léo, après avoir été un anticlérical militant, s'est converti et est resté au sein de l'Église pendant 12 ans. Il a même été reçu en audience par le pape Léon XIII. Après ces 12 années, il redevient anticlérical militant. Fier comme un gamin, il se flatte dans la dédicace de sa *Bible amusante* d'avoir mystifié le pape et mis en défaut le dogme de l'infaillibilité pontificale.

Après Léo Taxil se gravent les noms de Sébastien Faure, Joseph Turmel ou André Lorulot. L'objectif est moins de faire rire que de salir. L'histoire sainte, la Bible, les rites religieux sont roulés dans la scatologie et la pornographie. Les moines et les prêtres sont caricaturés, hués, maudits.

En France, à partir de la Séparation des Églises et de l'État, en 1905, la pensée dominante est laïque. La Libre Pensée se prend alors pour la police des mœurs républicaines. L'objectif est de faire appliquer partout les lois laïques, et non plus de penser librement. Quand la révolte devient institution, elle se fige en un rejet de l'altérité, alors que cette altérité était autrefois vigoureusement revendiquée. Les rejets s'enfilent les uns après les autres, comme des perles sur le collier du ressentiment. André Lorulot, figure majeure de la Libre-Pensée du XXe siècle, se charge de fixer le corpus[3].

Penser librement…

En faisant ce détour par l'histoire de la Libre Pensée, je suis bien conscient de jouer sur l'anachronisme. Nous ne vivons plus à cette époque de l'anticléricalisme militant. En ce temps-là, en France, ce que l'on appelle aujourd'hui « l'opinion publique » sortait gaillardement de la religion totale pour entrer tout aussi gaillardement dans la république totale… Toutefois le jeu n'est pas inutile pour poursuivre notre voyage. Les gaillards ne sont plus là, et nous devrons faire sans eux. Ne nous inclinons pas devant le cri de révolte d'un autre temps. Un cri de révolte qui a fait son temps…

Libre-pensée ! Deux mots abstraits, liberté et pensée. Deux mots qui font rêver. Deux mots qui en imposent, à la fois à nos ambitions de pensée et à nos rêves de liberté. Ah, être dans le camp du progrès…

Il nous faut prendre de la distance avec la noblesse d'une idée, celle de la pensée libre.

Prendre aussi de la distance avec des pensées qui ont engendré et nourri des pouvoirs. Hier le pouvoir religieux, aujourd'hui le pouvoir civil.

S'éloigner du tambour des pensées dominantes et des grands mots menteurs.

POSER SA PENSÉE SUR UN PIÉDESTAL

Le fétichisme consiste à poser une pensée sur un support. Ce peut être une statuette ou quelque autre objet sacré. La pensée peut aussi se poser sur des formules mystérieuses ou sur une litanie envoûtante. Ainsi opère la magie.

Karl Marx, dans le livre premier du *Capital*, évoque rapidement un fétichisme de la marchandise. Cette évocation a été reprise par des marxistes, avec pour effet principal de compliquer la pensée du maître. Un tel fétichisme existe-t-il ? Oui, sans doute. Toutefois, la marchandise est un support bien fragile. Elle est produite pour être consommée. La destruction par la consommation est consubstantielle à la marchandise.

Il existe quelque chose de plus durable que la marchandise, créée elle aussi par le travail humain. C'est l'œuvre ; l'œuvre de l'artisan, de l'artiste, de l'ingénieur, que le capitalisme transforme en propriété. Le fétichiste ne s'attache ni à la valeur d'usage, ni à la valeur d'échange d'une œuvre, mais à sa valeur symbolique. Celui qui met la propriété au-dessus de tout prendra pour fétiche une propriété symbolique : un tableau de maître, une résidence fastueuse dans un lieu célèbre, un objet prestigieux. La *jet set* regroupe ceux qui adoptent pour fétiche un avion personnel. Grand bien leur fasse.

Freud s'est intéressé au fétichisme sexuel. Guy Debord a glosé sur le fétichisme du spectacle.

Je vis dans le village du Faou, au fond de la rade de Brest. Je regarde autour de moi. La marée rythme les transformations du paysage. Les oiseaux de mer raturent les nuages. Le goéland se pose sur le mât d'un bateau. Impassible sur son perchoir, il domine le port.

L'homme, aussi, a besoin de s'immobiliser sur un perchoir, à la fois pour penser et pour exister. Dans la société féodale, le titre de noblesse est un fétiche. Dans la société bourgeoise, n'en déplaise à Karl Marx, ce n'est pas tant la marchandise que la propriété qui est le fétiche central. La pensée, puis l'existence, pourraient-elles s'épanouir sans le support d'un fétiche ?

Observons l'évolution du fétichisme dominant. Nous sommes passés d'une société industrielle à une société de l'information. Hier le fétichisme de la marchandise. Aujourd'hui la pensée s'immobilise et se coagule sur des marchandises que sont les informations fétiches.

Une information-fétiche n'a pas besoin d'être vraie. Il faut seulement qu'elle soit significative. Elle se détache du lot parce qu'elle fait du *buzz*, peu importe la raison du *buzz*. C'est ce qu'ont bien compris les médias qui *dénoncent*. Qui interpellent. Qui *lancent des alertes*. Indignez-vous ! Vous ne pourrez pas dire que vous ne saviez pas ! Autant d'appels à adopter mon fétiche.

Cessez de voler et posez-vous, goélands ! Posez-vous sur le mât de mon bateau !

Les informations-fétiches se dépassent, se surpassent, puis passent, encore plus vite que les marchandises-fétiches. Jamais il n'exista de fétiches aussi éphémères. Fort heureusement, au-delà de l'information existe un niveau plus stable, celui de la connaissance. Les fétiches, aussi, s'y révèlent plus stables. Dans le monde de la production industrielle, le fétichisme de la propriété variait moins que celui de la marchandise.

Désignons le premier fétiche de la connaissance : le diplôme. Face à celui qui prend plaisir à apprendre, bref face à l'amateur de connaissances, se dresse le professionnel, celui qui sait et qui pense *comme il faut*. La connaissance est le terreau fertile de la pensée. Au-delà du savoir formaté sanctionné par le diplôme, le professionnel défend la Pensée, avec un grand P, contre les dilettantes. Le diplôme a, en France, valeur de droit à penser publiquement. C'est le *label rouge* de l'intellectuel. Il existe un Ordre des médecins, qui octroie ou non le droit de soigner. Mais écrivez un livre d'histoire sans avoir de diplôme universitaire d'histoire... Ce fût mon cas... J'ai vu ce qu'est l'indignation vertueuse face à une agression étrangère ! Derrière chaque catégorie universitaire se profile un fantôme ordinal qui inspire à ses chevaliers la défense des frontières. Seuls ceux qui ont été enseignés *comme il faut* peuvent être citoyens d'un territoire de la pensée.

Tous les diplômes n'ont pas la même valeur fétiche. Le diplôme d'ingénieur d'une grande école française ou d'une université américaine est un fétiche à usage polyvalent. Certains diplômes, en revanche, n'ont aucune valeur externe. Ainsi, pour exprimer publiquement ses conclusions sur les pesticides ou les méthodes d'élevage, les diplômes agricoles n'offrent aucun monopole, ni même aucun avantage. Ils sont suspects de partialité ou de conflit d'intérêts. Entre 1960 et 2020, j'ai vu le prestige des diplômes passer des écoles d'ingénieurs aux grandes écoles de commerce, puis à celles de sciences politiques. Les différences que je constate entre les valeurs-fétiches des diplômes me renseignent sur une société, de manière bien plus sûre que les enquêtes ethnographiques.

Désignons un autre fétiche : le jugement qui se veut définitif. Derrière le jugement se profile l'affirmation d'une identité. Je juge donc je suis. Le diplôme est le fétiche du « Je pense ». Le jugement est le fétiche du « Je suis ». J'ai toujours observé que, chez les adultes, plus le désir d'apprendre s'est relâché, plus le désir de juger devient impérieux. Celui qui veut savoir hésite à juger. Celui qui, à l'inverse, veut à tout prix juger ne cherche pas à savoir. L'individu moderne, lorsqu'il a perdu la soif d'apprendre, démontre son existence en jugeant tout le monde, tout et n'importe quoi. L'homme est-il un loup pour l'homme ? Ce que je sais, c'est que l'homme, arrivé à maturité, délesté de la curiosité enfantine, est un juge pour l'homme.

Il parait que la démocratie implique ce comportement. Il est très commun d'entendre justifier un jugement par la liberté d'expression ou par la démocratie. Le jugement a l'effet d'une plante invasive. Il perturbe les relations sociales. Il crée des clivages grotesques. Les guerres ethniques, les dissensions religieuses, la lutte des classes, tous les conflits dégénèrent plus ou moins rapidement en une querelle des jugements.

L'argumentation reste facultative. La querelle des jugements attire ceux qui sont passés, consciemment ou inconsciemment, de la société industrielle à la société du savoir. Par la vertu des réseaux sociaux, le fétichisme du jugement est accessible à tous. L'information fétiche appelle le jugement-fétiche, comme l'aimant appelle la limaille de fer.

Il existe des mots-fétiches, comme il existe des mots magiques. Ainsi, « climat », « OGM » ou « glyphosate » sont des mots-fétiches sur lesquels s'immobilise la pensée écologiquement correcte. « De Gaulle » reste un mot-fétiche de la pensée que l'on qualifie de *citoyenne*. « Service public » est devenu un mot-fétiche de la pensée de gauche, qui en a connu d'autres par le passé, comme « prolétariat » ou « conquêtes ouvrières ». Il y a encore plus longtemps, le socialiste était partageur, avant que le mot-fétiche « égalité » ne supplante le mot-fétiche « partage ». Chacun peut détecter, dans son entourage, les mots-fétiches sur lesquels la pensée se pose. C'est là un jeu intéressant, souvent instructif, en particulier pour celui qui cherche à détecter les évolutions sociologiques.

CODER LA PENSÉE

En 1976, dans son ouvrage *Le Gène Égoïste*[4], le biologiste britannique Richard Dawkins a émis l'hypothèse que les pensées se répliquaient à la manière du gène, selon le schéma darwinien *reproduction-variation-sélection*. Dawkins a nommé cet autre réplicateur le *mème*.

Le gène est l'unité du code génétique ; le mème est l'unité de codification des pensées. Le gène se transmet sexuellement. Le mème se transmet de cerveau à cerveau. Il peut aussi se déposer dans un journal, une vidéo, une mémoire d'ordinateur. Il peut se reproduire par la conversation, l'exemple, le livre, internet. Il est sujet à mutation. L'environnement sélectionne les plus robustes ou les mieux adaptés.

Les organismes sont le fruit d'un ensemble cohérent de gènes. Ainsi, chez les carnivores, sont associés les gènes qui codent les dents, les muscles faciaux, le système digestif et les instincts. Les religions, les nations, les communautés sont comparables à des organismes. Ce sont des ensembles cohérents de pensées, de savoirs, de croyances et de comportements.

Les gènes s'associent pour façonner un être vivant. Les mèmes s'associent de la même façon pour structurer des individualités et des communautés. Ce que l'on appelle des *valeurs*, qu'elles soient nationales, religieuses, familiales, sont des ensembles de mèmes.

L'hypothèse du mème a fait naître d'innombrables spéculations que l'on peut grouper dans le cadre d'une discipline nouvelle, la mémétique. Le lien entre les groupes de mèmes et les communautés humaines a été exploré par Susan Blackmore[5] et Howard Bloom[6] au début du XXIe siècle. Bien d'autres chercheurs, depuis, s'y sont intéressés.

Sur le modèle du fameux gène égoïste, ces chercheurs imaginent que les pensées ont leur autonomie et que les mèmes ont un comportement égoïste. Ils se servent des individus pour se transmettre et se multiplier. À un niveau plus élevé, des ensembles de pensées – ou de mèmes – s'identifient à des groupes d'humains, et vice-versa. Ces blocs de pensées donnent un sens à la vie. Ils structurent les communautés et assurent, du même coup, leur survie et leur reproduction. L'humain, pour sa part, s'approprie ces pools mémétiques. Il les intègre dans son *identité*.

Ainsi la science rationaliste, tout en conservant le lien de causalité entre penser et être, magnifie la pensée et ravale l'homme à n'en être que le véhicule. L'homme qui pense n'est pas un dieu créateur ; il héberge et diffuse des pensées qui ont leur vie propre. J'abrite des mèmes, je les défends, je les propage, donc j'existe.

De quel droit bousculerait-on Richard Dawkins, les scientifiques rationnels, les libres penseurs et tous les cartésiens ? J'y répondrai dans les pages qui suivent. Mais la réponse ne sera pas symétrique. Face à la pensée fondatrice, à la Raison et aux idées lumineuses, je ne serai pas seul à y répondre. J'entends derrière moi les grognements d'êtres mystérieux, que mes ancêtres connaissaient bien. Le dragon a repris vie dans des profondeurs obscures. Il se nourrit de singularités. Plutôt que de les digérer pour en faire des généralités, il en extrait une force vitale. Nous aussi, nous allons observer des singularités ; nous toucherons au savoir qu'elles nous enseignent et à l'énergie qu'elles nous insufflent.

PENSER AUTREMENT

J'ai connu trois fois la prison. Je ne peux échapper au soupçon d'un entêtement dans l'infraction. Qu'importe. Prenons cela ici comme une expérience qui permet de penser autrement. Les observateurs ont parlé à l'époque de prisonnier politique, d'objecteur de conscience, de séparatiste breton, d'extrémiste. J'ai pu peser les explications que les uns et les autres donnaient à mes actes. J'ai pu m'en distancier. Depuis, je fais la différence entre ceux qui s'indignent, ceux qui s'opposent et ceux qui transgressent. Je fais aussi la différence entre ceux qui se collent une étiquette et ceux qui possèdent une identité. Les uns se parent de tous les « ...ismes » du dictionnaire et de toutes les justifications morales. Les autres agissent selon leur conscience, selon leur caractère ou selon leurs solidarités, sans obligatoirement chercher à convaincre. Nous reviendrons plus tard sur cette différence importante.

La première fois, j'avais vingt-cinq ans. Je revenais d'Irlande et d'Écosse, où je vivais depuis trois ans dans une semi-clandestinité. J'y avais exercé mille métiers : commis agricole, *security man*, tondeur de moutons, ouvrier d'usine, *rustabout* sur les barges pétrolières en Mer de Nord...

C'était en 1977. Le Tribunal Permanent des Forces Armées, tribunal d'exception qui n'existe plus maintenant, m'a condamné à quinze mois de prison militaire pour insoumission et refus d'obéissance. J'ai accompli ma peine à la prison Jacques Cartier, à Rennes.

La vieille bâtisse, aujourd'hui désaffectée, hébergeait à la fois des prisonniers militaires et des prisonniers de droit commun. L'architecture était impressionnante, vue de l'intérieur. Imaginez deux très hauts murs blanchâtres, qui se font face à quelques mètres l'un de l'autre. Le long de ces murs s'alignent, sur plusieurs étages, de solides portes, mais aucune fenêtre. Pour y accéder, à chaque étage, une coursive d'un mètre de large environ court horizontalement le long du mur. Ainsi, d'où que vous soyez, les lourdes portes et les garde-fous des coursives s'alignent sur le mur d'en face. Au premier étage, un grillage s'étend d'un bord à l'autre, pour éviter que quelqu'un ne s'écrase, volontairement ou non, sur les grands pavés de pierre du rez-de-chaussée. Imaginez aussi le bruit des clés dans les serrures, les éclats de voix intermittents. Sur les coursives s'activaient les trois espèces d'habitants du lieu, dont le statut était reconnaissable immédiatement. Les gardiens étaient vêtus d'un uniforme sombre et d'une casquette. Les prisonniers condamnés avaient, en ce temps-là, une tenue carcérale : veste et pantalon gris, chemise bleu clair. Seuls les prisonniers en attente de jugement pouvaient conserver leurs vêtements personnels.

Le quartier militaire se situait un peu à part. Je m'en souviens parfois avec nostalgie. Nous avions tous à peu près le même âge. Les déserteurs étaient les plus nombreux, mais il y avait aussi quelques voleurs et autres délinquants. Nous partagions tous une distance moqueuse par rapport aux règlements militaires. Les insoumis, par la durée de leur peine, constituaient une sorte d'aristocratie, détentrice d'une pensée incompréhensible pour les autres détenus. Pendant plusieurs mois, j'ai partagé ma cellule avec Danyel Waro, insoumis de l'île de la Réunion. Danyel est, depuis, devenu un grand chanteur traditionnel de là-bas.

La prison est dangereuse lorsque la pensée est incertaine. En revanche, elle présente plusieurs avantages pour une pensée en bonne santé. C'est le cas pour tous les insoumis que j'ai rencontrés en prison. Ils avaient fait un choix et maintenant ils avaient le temps d'y penser. Il n'était pas question de le regretter, ou de se lamenter sur son sort.

J'ai vécu l'inversion, l'inversion imprévue. Ce n'est plus « Je pense donc je suis ». Maintenant, je suis donc je pense. En affirmant mon existence contre les lois, je me donne la capacité de penser au-delà du *comme-il-faut*.

L'emprisonnement modifie le cours du temps. Il est possible, pendant de longues heures, de lire, de réfléchir, d'observer une humanité sans masque et sans possibilité de fuite. L'observateur, lui non plus, ne peut pas fuir... L'observé le sait. Ici, l'hypocrite joue perdant car, d'une façon ou d'une autre, il sera mis à jour et sanctionné.

Lorsque la pensée est incertaine, elle tâtonne pour affirmer une existence. Il y a quarante ans, en prison, le tâtonnement passait par l'argot et le tatouage. Le langage et les dessins sur la peau rattachaient le détenu à une communauté symbolique, celle des *affranchis*. En retour, la communauté symbolique lui donnait un droit à l'existence. Aujourd'hui, argot et tatouages se sont répandus chez les gens de l'extérieur, que les affranchis nommaient les *caves*. La communauté symbolique s'est transformée. La *radicalité* est vraisemblablement une nouvelle affirmation de soi.

Le détenu n'a pas les préoccupations de l'homme ordinaire. Il est nourri et logé. Lorsqu'il n'a ni femme ni enfant, ce qui était mon cas, la vie est particulièrement insouciante. Il faut seulement trouver sa place hors des hiérarchies instinctives, brutales, quasi-animales, qui s'établissent en milieu carcéral. Ceux qui n'ont pas une bonne place dans cette hiérarchie vivent un enfer quotidien. En ce qui me concernait, la longueur de la peine en *maison d'arrêt* et l'inculpation -à la fois mystérieuse et symbolique- de *refus d'obéissance à l'armée* suffisaient à me tenir à l'écart des hiérarchies de voyous. Je n'étais toutefois pas rejeté hors de la collectivité. Un prisonnier politique est sollicité par l'entourage. Vous êtes un être original. Vous avez été emprisonné sans avoir recherché un profit, ni succombé à une passion. De ce fait, vous êtes en dehors du lot commun. Un sage, un fou, un prophète...

Il me semblait que, plus les inculpations étaient anodines, plus la révolte était présente. Le déserteur étourdi ou le voleur maladroit hurlaient leur indignation. Mais que répondre à ceux qui sollicitent une grâce, quand on ne peut l'accorder ?

Un prisonnier politique attire aussi la correspondance. Votre nom circule dans les réseaux militants, dans les fichiers d'Amnesty International, dans la presse. Il faut répondre au courrier. Là encore, l'indignation que mes correspondants exprimaient surpassait largement celle que je pouvais ressentir, si tant est que je ressentais de l'indignation.

Fallait-il que je joue le rôle qui m'était dévolu ? Fallait-il que je me révolte alors que j'avais accepté la grande transaction : mon droit à la pensée et à l'existence contre l'emprisonnement ? L'affirmation de moi-même se valorisait à quinze mois de prison ; cela lui donnait du poids. Fallait-il que mon acte ne vaille pas le prix que je payais ?

« Dieu, préservez-moi de mes amis ; je me charge de mes ennemis ». Depuis cette période, je n'interprète plus cette phrase par le soupçon de la trahison des proches. Ne pas décevoir ceux qui

vous soutiennent peut devenir une trahison de soi-même. La solidarité avec la deuxième ligne est une servitude pour ceux qui sont en première ligne. La fidélité de mes amis restreint ma liberté de penser ; pour paiement, ils sollicitent ma stagnation. Leur solidarité me contraint à être, à mon tour, solidaire d'eux. Ils me condamnent à n'être que celui qu'ils pensent que je suis. Les pensées affectueuses de mes amis sont des entraves à l'aventure du *penser-autrement*.

À part l'incarcération, d'autres situations peuvent aiguiller la pensée vers des chemins originaux. Être ruiné pousse vers d'étranges pensées ; je l'ai été à deux reprises. La première fois, ce n'était pas très grave. Mon troisième séjour pénitentiaire était lié à une manifestation politique qui avait mal tourné, et que j'évoquerai plus loin. J'avais été condamné, outre un temps de prison, à des dédommagements qui équivalaient à plusieurs mois de salaire. Comme alors je n'avais aucune responsabilité parentale, ni autre, le souci n'était que matériel. L'expérience de la précarité n'était pas nouvelle pour moi, compte tenu de mon expérience de semi-clandestinité en Irlande et en Écosse.

La seconde expérience, plus de vingt ans plus tard, était autrement pesante. J'avais créé en l'an 2000 une entreprise de nouvelles technologies. Quelques années plus tard, j'ai frôlé le gouffre de la faillite. Comme beaucoup de patrons de petites entreprises, j'ai assumé seul ces difficultés, sans les faire peser sur mes salariés, ni sur l'avenir de mes enfants. Cela s'appelle du paternalisme. Ceux qui n'en connaissent pas tous les ressorts jugent sévèrement ce comportement inégalitaire, qui n'est pas forcément au profit de celui qui le pratique. Cette fois-là, la ruine n'était pas seulement économique. Elle affectait mon statut social, et l'idée que je me faisais de moi-même. Ce qui était plus tragique à mes yeux, c'est que la crise affectait l'opinion que mes proches, et ceux qui m'avaient toujours connu, avaient de moi. Mettez-vous à ma place. Vous n'êtes plus un insoumis, un entrepreneur ou un innovateur, mais un loser. Vous étiez en mouvement, vous êtes immobilisé. Pour vous préserver d'une telle indécence, vous vous isolez volontairement. Ceux que l'on aime, et pourquoi ils vous aiment, tout est remis en question. Je vous rassure, je m'en suis sorti et mon entreprise a pris, depuis cette sombre période, de belles couleurs. J'ai aussi compris, hors des comportements convenus, ce qu'est l'amitié solide, l'amour inconditionnel, et aussi les simples solidarités silencieuses.

Cette expérience, et les précédentes, m'ont appris à penser autrement. J'ai pu relativiser bien des notions qui paraissent évidentes, comme le progrès, le mérite, l'honnêteté, la joie de vivre, le vivre-ensemble. Je suis passé de l'autre côté du miroir. Dans ce côté obscur, les lignes ne sont pas toujours droites et ascendantes. Elles peuvent se briser, disparaître, se dédoubler. Pour les suivre ou pour s'en défaire, il faut sortir des schémas habituels.

Dans ce livre, je vous invite à penser autrement. Nous allons observer les pensées singulières, à la fois individuelles et collectives. Les pensées singulières dessinent la silhouette de l'identité. Les pensées collectives animent le spectre du communautarisme. Eh bien, nous allons préciser les lignes de cette silhouette et les mouvements de ce spectre.

Deuxième chapitre

ÊTRE AVANT DE PENSER

L'identité précède t'elle la raison ? Tout au long de ce chapitre, nous dirons « Je suis donc je pense ». Les observations scientifiques, en particulier celles des biologistes, nous y aiderons.

UNE EXPÉRIENCE PERSONELLE

Dans une vie, il est des moments décisifs. L'acte que vous posez s'imprègne en vous. Il est impossible d'en peser toutes les conséquences. Ceux qui n'ont jamais pris des décisions irréversibles ont perdu l'occasion de donner un sens à leur vie. Tant pis pour eux.

Quand, à 22 ans, je montai sur le bateau en partance pour l'Irlande, je savais que je choisissais ma vie. J'avais décidé, après mes études d'ingénieur agronome, de travailler comme ouvrier agricole. J'avais décidé de refuser le service militaire. J'avais décidé de me réfugier dans un pays celtique que je ne connaissais que par quelques lectures.

Le fameux *sens de la vie* vient des actes posés au cours de la jeunesse et qui orientent toute la suite. Perte de liberté ? Oui. Je dirais même : être conscient de perdre sa liberté et, malgré cela, décider de la perdre. La liberté des Grecs de créer une œuvre d'art sur l'Acropole a disparu quand ils y ont construit le Parthénon. Ils ont eu de la chance : ils ont construit une œuvre belle. Si le meilleur est possible, le pire l'est aussi. Parier sa vie sur un acte fondateur est nécessaire pour lui donner un sens. Actes au-delà de la raison. Prématurés. Imprudents. Dangereux.

« Quiconque vous dira qu'un acte de résistance, fût-il le fait de dix hommes, ces dix hommes fussent-ils armés seulement de pierres, quiconque vous dira qu'un tel acte est prématuré, imprudent ou dangereux, quiconque vous le dira mérite le mépris ou les crachats. Car notez bien ceci et retenez-le : un jour, quelque part, d'une façon ou d'une autre, il faut bien que quelqu'un commence, et le premier acte de résistance est toujours et sera toujours prématuré, imprudent et dangereux ». Ainsi parlait James Fintan Lalor, un rebelle irlandais du XIXe siècle.

Mon acte m'a permis d'organiser mes pensées. Il m'a plongé dans l'étonnante guerre d'Irlande. Il m'a mené en prison. Il m'a privé de droits civiques pendant dix ans et interdit de devenir fonctionnaire.

Tiens, restons sur cette question de statut professionnel... Je revois parfois ceux qui étaient mes compagnons étudiants au début des années soixante-dix. Les uns sont entrés dans la fonction publique. Acte réfléchi, hasard des opportunités ? Peu importe. Au-delà des engagements étudiants, leurs pensées ont été structurées par leur statut. Beaucoup d'entre eux ont acquis une certitude de l'importance des institutions publiques. La machine administrative a réécrit son histoire dans leurs cerveaux.

Ceux qui sont, comme moi, devenus des travailleurs indépendants ont été obligés de croire en eux-mêmes. Leurs vies ne sont pas celles des ex-collègues devenus fonctionnaires. Le revenu des uns est mensualisé, fixe, assuré. Le revenu des autres peut croître vertigineusement, mais aussi décroître et même disparaître. Des aléas peuvent vous ruiner ou vous enrichir, tragiquement dans les deux cas. Pour les uns ou les autres, le mot « protection sociale » n'a pas la même signification.

Après les études d'agronomie, il en est qui sont venus ou revenus à la terre. Être paysan, c'est faire fructifier la nature. On ne peut pas être paysan sans être ravi de voir pousser les plantes, de voir naître des petits animaux. Horreur, nous dit-on maintenant, en avançant une curieuse insulte : productiviste ! Apostrophe incompréhensible, proférée par celui qui ne comprend pas ce qu'est être paysan. Bien sûr, il est possible de revêtir le mot *productivisme* d'arguments raisonnables. De la même façon, il serait possible de prévenir l'éducateur : « *toute vérité n'est pas bonne à dire !* ». Des arguments raisonnables existent pour limiter les connaissances des uns ou des autres. Mais le rôle de l'éducateur n'est pas d'en restreindre l'accès. Sa joie est de voir les enfants étinceler d'un jeune savoir, ce savoir fût-il hors normes.

Le statut social, plus le temps passe, impose, limite ou suscite les pensées. Mais d'autres facteurs, bien plus profonds, beaucoup moins contrôlables, sont aussi à l'ouvrage dans notre cerveau.

UNE EXPÉRIENCE COLLECTIVE

En observant le mouvement des Bonnets rouges qui a ébranlé la Bretagne en 2013, l'historien Joël Cornette a établi six surprenantes correspondances avec la révolte des premiers Bonnets rouges de 1675, révolte populaire qui avait traumatisé la péninsule sous le règne de Louis XIV.

La première concordance est l'étincelle fiscale qui, dans les deux cas, a mis le feu aux poudres. La tradition bretonne de résistance à l'État central y trouve son meilleur déclencheur. La seconde concordance est la solidarité protestataire, au-delà des clivages de classes ou de catégories sociales. Le mouvement de 2013 a été vu de Paris comme une coalition *hétéroclite*. Hétéroclite aussi était la révolte de 1675, associant officiers, bourgeois, artisans et paysans dans une même protestation. La troisième concordance est la référence à la Bretagne. Les révoltés de 1675 en appellent à la « liberté Armorique » ; ceux de 2013 agitent des milliers de drapeaux bretons. La quatrième concordance est l'impression, en 2013 comme en 1675, que les décisions viennent de l'extérieur. Elles descendent d'institutions lointaines alors qu'elles devraient monter du peuple. La cinquième concordance est la fin d'un âge d'or, d'une prospérité endogène. En 1675, c'est la fin du commerce maritime international breton, étranglé par la politique guerrière de Louis XIV. La fin de ce commerce signe la fin de la florissante industrie textile, qui signe à son tour la fin d'une agriculture prospère de culture du lin et du chanvre. En 2013, c'est la crise du modèle agricole d'après-guerre, alliance entre production industrielle et organisation coopérative. La sixième concordance est la rédaction d'une charte du bien-vivre en Bretagne. Les Bonnets rouges de 1675 rédigent des codes : Code paysan, Code breton, Code pessovat. Ceux de 2013 réunissent 15000 doléances et les synthétisent en onze revendications, en utilisant les méthodes les plus modernes de la fouille de textes et de l'analyse sémantique.

Les concordances de temps s'observent au-delà des deux mouvements de Bonnets rouges. Avant Joël Cornette, le sociologue Ronan Le Coadic avait établi des correspondances entre le communisme rural en Bretagne centrale et les moines d'autrefois. À partir du XIIe siècle, Cisterciens et Templiers avaient attiré des défricheurs dans l'ouest de la Bretagne. Ils les avaient transformés en paysans coopérateurs, en instituant un type d'exploitation agricole original : la quévaise.

Les terres pouvaient être attribués à qui le demandait, y compris aux repris de justice et aux serfs en fuite. La condition était de se conformer à des règles de vie commune. Chaque quévaise était d'une surface égale. Les quévaisiers ne pouvaient pas s'approprier la quévaise voisine, même si elle était déserte. Tous travaillaient les terres communes et bénéficiaient de ses fruits. Il était interdit d'installer des clôtures individuelles.

Par rapport au domaine congéable, le quévaisier bénéficiait d'avantages. Quand il entrait en jouissance, il ne payait rien au seigneur, à la commanderie ou à l'abbaye qui régnait sur la quévaise. Le prélèvement se faisait plus tard, sur ce qu'il produisait. D'autre part, le quévaisier n'était pas attaché à la terre. Il pouvait quitter la communauté quand bon lui semblait. Autre particularité : l'héritier n'est pas l'aîné de la famille, mais le cadet.

Au fil des siècles, la manière dont les taxes étaient calculées s'est éloignée de l'esprit communautaire de la quévaise. Vers le XVe siècle, le droit écrit fige des accords qui étaient jusqu'alors coutumiers, personnels et modifiables selon les situations. La fixation du droit entraîne procès, procédures, aigreurs. Les zones de quévaises deviennent des viviers de révoltés et de révolutionnaires, ou pour le moins des foyers de réticence aux pouvoirs cléricaux et seigneuriaux, devenus des bureaucraties aveugles. La Bretagne chante encore des complaintes qui évoquent la cruauté et les crimes des *moines rouges*, les Templiers d'autrefois. Les anciennes zones de quévaises, en Centre-Bretagne, sont l'épicentre des révoltes paysannes des guerres de la Ligue, à la fin du XVIe siècle, puis de la révolte des Bonnets rouges de 1675. Lors de la Révolution française, ces zones connaîtront des attaques de châteaux ; la chouannerie en sera significativement absente.

L'esprit communautaire, égalitaire et anticlérical constitue le terreau sur lequel s'installe le communisme rural au début du XXe siècle, dans le Centre-Bretagne. Lors de la crise des années 30, le Parti Communiste est en première ligne pour perturber les ventes-saisies qui consacrent la ruine des petits agriculteurs du secteur. Les troupeaux et tous les biens des paysans en faillite sont, lors de ces ventes-saisies, brutalement mis aux enchères pour payer les dettes. À partir de 1941, les commandos FTP, dirigés par les communistes, s'opposent aux Allemands. En 1944, ils contrôlent le secteur et y organisent une féroce *épuration*. Après la guerre, la résistance communiste y deviendra un mythe positif. L'effondrement du bloc soviétique au cours des années 90 a fait perdre au communisme son rôle de représentant de la tradition communautaire et égalitaire du centre-Bretagne. Mais cette tradition demeure.

Le cas des centre-Bretons est loin d'être isolé. Au cours des années 60, des sociologues se sont aperçus que les Roumains sont –en règle générale– fatalistes, et les Américains -en règle générale- optimistes. Ils relient ce trait de caractère national au fait que la mère roumaine a, pour son enfant, un amour inconditionnel. Qu'il se conduise bien ou mal, il bénéficiera de démonstrations d'affection. Quoique fasse l'enfant, son environnement reste constant, ce qui contribuerait à lui forger une attitude fataliste. Aux États-Unis en revanche, l'enfant ne recevra des marques d'affection que s'il se conduit bien. Il pourra acquérir alors peu à peu le sentiment qu'il peut agir sur son destin et il en deviendra optimiste[7]. Cinquante ans après, d'autres sociologues ont remarqué que l'éducation américaine était devenue plus laxiste. Gageons que, si les réactions des mères évoluent, le caractère et les pensées des enfants évolueront aussi.

Concordance des temps. Ce que je pense aujourd'hui, d'autres l'ont pensé avant moi, dans les mêmes lieux. Constatons la transmission des pensées, sautant de siècles en siècles...

L'ENVIRONNEMENT NOUS FAÇONNE

Notre incursion chez les rudes habitants du Centre Bretagne nous a fait toucher du doigt le lien entre leurs pensées profondes et leur histoire longue. Qu'en est-il de la géographie, de l'environnement naturel, culturel, linguistique ? Allez, accordons-nous une promenade scientifique !

Les observations éthologiques montrent que, chez les animaux, plus l'environnement est hostile, plus les mœurs sont rigides. Konrad Lorenz a constaté que les cichlidés, petits poissons tropicaux, sont monogames lorsqu'ils vivent sur des fonds plats, exposés aux prédateurs. En revanche ceux qui vivent dans des grottes, dans un environnement moins dangereux, ignorent généralement les liens conjugaux[8]. D'autres chercheurs ont constaté que les sociétés de singes des forêts, qui vivent en relative sécurité dans les arbres, sont plus libérales que les sociétés de singes des savanes, qui vivent dans un milieu moins sûr. Ces dernières sont plus hiérarchisées et ont des règles sociales plus strictes. Cela ne veut pas dire que les singes des savanes vivent en dictature ; certains de leurs comportements peuvent être rapprochés des comportements humains démocratiques ou *altruistes*. Ainsi, les babouins se réunissent avant que la troupe ne s'engage dans une direction, ou avant qu'une synchronisation défensive n'apparaisse face à une attaque ennemie. D'autre part, lors des déplacements, les mères et les petits sont au centre de la troupe, alors que les mâles adultes sont à la périphérie, guidant le groupe et veillant sur les leurs. On a aussi observé des babouins en fuite emportant leurs blessés[9].Voilà des identités diverses, façonnées par le milieu environnant.

Les politologues ont constaté que, plus une société est riche, plus elle est tolérante. Elle peut se permettre de nourrir ses parasites et ses marginaux, qui ont parfois le bon goût de la distraire. En période de prospérité, bien des écarts sont tolérés. En période de crise, la police est plus tatillonne, les peines plus sévères, les libertés plus surveillées.

Le climat influe sur la pensée, et peut-être la suscite. On a souvent dit que le climat doux et pluvieux de l'Armorique prédispose ses habitants à la mélancolie. Les maîtres d'école remarquent que l'atmosphère d'une classe dépend du temps qu'il fait. Les élèves sont plus mornes quand il pleut, enjoués quand le soleil brille, nerveux lorsque l'orage menace.

Comment les conditions atmosphériques peuvent-elles influer sur le tempérament, et par là atteindre l'identité ? Il est difficile, dans l'état actuel de la science, de décrire les mécanismes de façon précise. L'activité de certaines glandes varie, lorsque varie l'ensoleillement, la température, ou la pression atmosphérique. Voyons quelques exemples.

Influence de la luminosité. L'effet de la lumière sur la biosynthèse de certaines vitamines est connu. Des expériences ont montré que les lumières colorées ont des influences sur le psychisme, chez les humains comme chez les animaux. Quant au rythme lumineux, en particulier l'alternance jour-nuit, il est désormais prouvé qu'il détermine le rythme de notre horloge biologique interne et la fluctuation de nos taux d'hormones.

Influence de l'ionisation atmosphérique. Des chercheurs ont remarqué que les ions positifs provoquent des variations physiologiques, en particulier l'augmentation du taux de sérotonine. Les vents qui en portent, l'autan toulousain, le foehn autrichien, le sirocco italien, le Santa Ana californien, le sharav israélien, ont un effet dépressif et irritant sur les humains et les animaux. Ils provoquent une variation de la pression artérielle, ainsi qu'un syndrome irritatif avec une détérioration des performances psychophysiologiques. En revanche l'air des montagnes, des sous-bois, ou des bords de mer, chargé d'ions négatifs, n'a pas ces effets perturbateurs sur le psychisme. Votre caractère est fonction de l'endroit où vous habitez.

Influence des champs électriques et magnétiques. Chez les insectes et les petits mammifères placés dans des champs alternatifs, des réactions de panique ont été observées. On a pu constater une diminution de la pression artérielle, de la glycémie, une déviation acide du pH, une augmentation du métabolisme de base chez les animaux surexposés à des champs électriques ou magnétiques. Chez le lapin, il y a activation de l'électro-encéphalogramme ; chez la souris une diminution du temps de survie.

Des chatons ont été élevés dès leur naissance dans l'obscurité, sauf quelques passages quotidiens dans un environnement où ils ne pouvaient voir que des lignes verticales. Au bout de quelques semaines, ils ne pouvaient réagir qu'aux stimuli d'orientation verticale. Des souris intégrées dans des lignes horizontales ne déclenchaient aucune activité de l'aire visuelle de leur cerveau. Il existe aussi, chez les humains, des différences de perception selon le milieu de vie. Il est probable que, tout comme les chatons, un homme élevé dans un environnement de lignes verticales, la forêt amazonienne par exemple, ne percevra pas un spectacle de la même façon qu'un indien des plaines, qui vit dans un environnement de lignes horizontales.

Le citadin occidental, lui, vit dans un environnement de lignes droites. Les angles aigus ou obtus reçus par sa rétine sont, dans 90 % des cas, des angles droits projetés dans l'espace. Dans les tests comportant des dessins en trompe-l'œil, notre homme interprète la plupart des angles comme des projections d'angles de 90°. Ce n'est pas le cas du paysan nigérien, qui vit dans un milieu qui n'a pas été modelé par l'homme[10].

Les biologistes observent que les activités influent sur la perception. Les expériences sur les animaux ont permis de découvrir des choses étonnantes. Les papillons *Eumenis Semele* possèdent la vision des couleurs, mais il a été prouvé qu'ils n'y sont réceptifs que lorsqu'ils butinent[11]. Osons relier à ce phénomène les observations sur les différences de perceptions selon les cultures. Ainsi, les indiens Zunis ne distinguent pas la couleur orange du jaune. Et, dans la langue bretonne, le mot « glaz » signifie indifféremment vert et bleu naturels, le vert de l'herbe et le bleu de la mer. La nature environnante et les cultures autochtones induisent une perception particulière des choses, ainsi que des idées et des comportements singuliers.

Bien d'autres composantes environnementales suscitent vraisemblablement des pensées et des comportements. Ce que l'homme respire, absorbe, perçoit, tout cela le transforme. Il serait sans doute excessif d'expliquer une pensée, ou un système de pensée, seulement par l'environnement. Mais ceci permet de comprendre l'existence de différences culturelles et d'identités collectives qui seraient, sinon, absurdes et arbitraires.

LE LANGAGE AVANT LA PENSÉE

La langue porte en elle-même une vision du monde. C'est d'ailleurs ce qui explique que les langages informatiques soient bien mieux adaptés que les langues nationales à la transmission d'informations précises. Comparons par exemple le breton et le français. Le genre d'un mot, selon qu'il soit masculin ou féminin, reflète une vision de la chose. En français, « pluie », « terre » ou « mer » sont des termes féminins ; en breton, les équivalents « glav », « douar », « mor », sont des termes masculins. Une autre différence dans la vision des choses s'exprime par les différences de nombre grammatical. Le français utilise le singulier et le pluriel. Le breton utilise, en plus, le duel (« al lagad » : l'œil ; « an daoulagad » : les deux yeux ; « al lagadoù » : les yeux, de plusieurs personnes). Le bretonnant utilise aussi le mode collectif : « gwezenn » signifie un arbre particulier, « gwez », les arbres en général, « gwezennoù » des arbres bien précis.

Les différences de conceptions se manifestent clairement par l'usage des mots. La langue bretonne traduira la phrase « j'ai un bâton » par « ur vazh a zo ganin » (littéralement : un bâton est avec moi), supprimant la notion de propriété incluse dans la locution française.

Il est évidemment possible de multiplier les exemples, et de comparer d'autres langues que le breton et le français. On s'apercevra toujours que la langue n'est pas neutre. Elle porte une vision particulière du monde ; elle participe ainsi à construire une identité.

La langue ne modèle pas seulement la pensée ; elle influe aussi sur la perception. Alexandre A. Tomatis[12] a analysé le mode d'élocution utilisé selon différentes langues ; il en a dégagé des différences phonologiques très significatives. Il a été possible, dans chacun des cas, de situer le lieu d'élection de la plus grande agglutination fréquentielle, ce que l'on appelle la bande passante. Il a aussi été possible de tracer les courbes des intonations utilisées. Tomatis a désigné sous le nom d'ethnogramme cet ensemble phonologique, caractéristique d'une langue. Notre chercheur a montré par de nombreuses expériences que cette sélectivité créée par la langue influe sur la perception auditive. Ces phénomènes phonologiques sont sans doute à rapprocher des différences qui existent entre les onomatopées dans les différentes langues. Ainsi, lorsque le coq chante, le français entend cocorico, le néerlandais kukeleku, le japonais kokekokkoo.

Les différences linguistiques créent des différences psychologiques. Elles peuvent aussi créer des différences neurologiques. Depuis un siècle, des expériences européennes et américaines ont permis de localiser dans l'hémisphères gauche du cerveau l'aire du langage et de la perception des sonorités verbales. C'est en revanche dans l'hémisphère droit que se situe le siège de la perception des sons de la nature, ainsi que le siège des émotions. Ce type d'organisation fonctionnelle n'est pas universel, comme on a pu le croire pendant longtemps. Le professeur Tsunoda, de l'université de Tokyo, a utilisé un système de stimulation auditive sélectif sur chacune des oreilles. L'oreille gauche est directement connectée au cerveau droit, et réciproquement. Il s'est avéré que les Japonais, ou plutôt les individus dont le japonais est la langue maternelle, recevraient non seulement les sons verbaux, mais aussi les sonorités non verbales dans l'hémisphère gauche. Cet hémisphère serait même surchargé chez les fils du Soleil Levant, car le siège des réactions instinctivo-émotionnelles y serait lui aussi localisé. Le professeur Tsunoda lie cette particularité neurologique aux particularités linguistiques japonaises. Le japonais, ainsi que les langues polynésiennes, utilisent une prédominance de voyelles, contrairement à toutes les autres langues. Or les voyelles transcrivent un grand nombre de sons de la nature (le ouah–ouah du chien, le hou-ou du vent, etc...). Les Japonais percevraient sonorités non verbales et langue nationale dans la même zone du cerveau.

L'honorable professeur a pu mettre en évidence d'autres étrangetés du cerveau japonais. C'est ainsi qu'il reçoit la musique occidentale dans l'hémisphère droit et sa musique traditionnelle dans l'hémisphère gauche. Pour expliquer le phénomène, il émet l'hypothèse que la musique traditionnelle nipponne enchaîne des sons proches des bruits naturels, alors que la musique occidentale, émise par des instruments sophistiqués, est composée de sonorités plus artificielles[13].

LA MÉMOIRE AVANT LA PENSÉE

Poursuivons notre promenade scientifique avec les oiseaux migrateurs. Ils emmagasinent, dans leurs petites têtes, des connaissances qu'ils n'ont jamais acquises par eux-mêmes. Les sternes arctiques traversent tout le continent américain, du nord au sud, pour pondre. Les parents abandonnent les jeunes quelques temps après l'éclosion, et repartent vers le nord. Les petits les rejoignent plus tard ; ils suivent le même chemin, survolant des territoires qui leur sont complètement inconnus. Il a été démontré que les parents et les enfants peuvent se retrouver après ce voyage de plusieurs milliers de kilomètres.

Les anguilles bretonnes, comme leurs congénères européennes, s'en vont pondre dans la mer des Sargasses. Les jeunes larves entreprennent le voyage en sens inverse. Elles accomplissent des milliers de kilomètres pour retrouver les rivières d'où étaient partis leurs parents. Nous ne savons toujours pas comment les jeunes anguilles héritent de connaissances géographiques aussi précises.

Outre la sterne arctique et l'anguille, bien des animaux possèdent des connaissances innées, propre à l'espèce, à la race, ou même seulement au groupe. De l'oiseau qui construit un nid typique sans en avoir vu, jusqu'à l'araignée qui tisse sa toile selon un plan qu'elle n'a jamais appris, les exemples foisonnent. Comment un tel phénomène peut-il s'expliquer ?

Un biologiste et psychologue américain, James McConnell, eut un jour l'idée saugrenue d'éduquer des planaires, petits vers plats de quelques centimètres de long. Il installa ses élèves dans une gouttière pleine d'eau, dans laquelle il pouvait faire passer une décharge électrique ; les vers, aussitôt, se recroquevillaient. McConnell entreprit son dressage en éclairant ses vers pendant deux secondes par des lampes de forte puissance ; une seconde plus tard, il envoyait une décharge électrique. Au bout de quelques heures de ce traitement, les vers se recroquevillaient lorsque la lumière s'allumait, avant même la décharge électrique.

McConnell ne se contenta pas d'une banale expérience sur les réflexes conditionnés. Il profita des habitudes cannibales des planaires, et servit de la planaire « éduquée », hachée menu, à des planaires « naïves ». Résultat : les planaires naïves n'eurent besoin d'aucun apprentissage pour se recroqueviller dès que la lumière s'allumait. En absorbant leurs congénères, les planaires naïves avaient aussi absorbé leurs connaissances.

McConnell affina son expérience ; il chercha à déterminer le support matériel des « souvenirs ». Il montra que l'information absorbée ne passait pas si le pâté de planaires était relevé d'un peu d'ARNase, enzyme qui détruit l'ARN. Il devrait être possible de déduire de cette expérience que la mémoire possède une base matérielle, et qu'elle est transmissible par la matière[14]. L'expérience de McConnell a été contestée. Mais, cinquante ans plus tard, des scientifiques américains ont obtenu les mêmes résultats avec des escargots de mer.

D'autres observations troublantes ont été réalisées. Les éthologues ont remarqué que les rats d'un même groupe se transmettent l'information d'un poison. Ce qui est plus surprenant, c'est que l'information se transmet aussi de générations en générations.

L'épigénétique nous apprend que des comportements ou des sensibilités, qui découlent de l'expérience d'un parent ou d'un grand parent, peuvent se transmettre en l'absence de contact direct avec ceux-ci.

Les scientifiques passent en revue toutes les substances associées à la mémoire. Ils se penchent par exemple sur les neurohormones, des peptides sécrétés par certaines structures cérébrales. Reste bien sûr à savoir si la sécrétion de ces substances résulte d'expériences personnelles, et si cette sécrétion est héritable.

Une chose est sûre. Les trajets de l'anguille et ceux de la sterne arctique, la toile de l'araignée et le nid des oiseaux sont des réalités indiscutables. Et l'hypothèse de l'existence, dans l'espèce humaine, d'un inconscient ou d'une mémoire d'avant la pensée, est pertinente.

La question de la mémoire d'avant la pensée a bien sûr été soulevée par les psychologues. Il est assez étonnant que les maîtres en la matière admettent, sans presque sourciller, un phénomène aussi extraordinaire.

Sigmund Freud écrit qu'un processus affectif né chez des fils ayant été tyrannisé par le père a pu subsister chez les générations suivantes, pourtant soustraites à ce traitement par le meurtre du paternel. Non sans raison, il postule que, sans l'hypothèse d'une continuité de la vie psychique dans les communautés humaines, l'unité psychologique des peuples ne pourrait exister. Chaque génération serait obligée de recommencer son apprentissage de la vie, ce qui exclurait un développement historique cohérent. La transmission directe par la tradition ou l'éducation est insuffisante pour expliquer toutes les observations faites sur la psychologie collective.

C'est Carl Gustav Jung qui a poussé le plus loin la réflexion sur la mémoire d'avant la pensée. Dans l'inconscient humain, il perçoit un niveau personnel, spécifique à chaque individu. Mais à cette dimension personnelle de l'inconscient, il ajoute une dimension collective. Chaque homme et chaque femme possède au plus profond de son psychisme des *apriori* innés - des *archétypes*. Ce sont des tendances plus ou moins contraignantes à comprendre et à percevoir la vie d'une manière conditionnée par l'histoire passée de l'humanité.

Freud et Jung ont eu des intuitions que l'on peut qualifier de géniales, qui s'accordent avec les observations les plus récentes effectuées sur les animaux. Mais ils ont fait preuve d'une regrettable désinvolture en s'abstenant de tirer toutes les conséquences de leurs affirmations. Découvrir que l'histoire longue laisse des marques dans l'inconscient est un événement capital pour la psychologie. Hélas, la montagne a accouché d'une souris. En généralisant des observations faites sur des individus qui sont tous issus de la même civilisation occidentale, ils ont délaissé une voie de recherche originale sur les différences communautaires.

Le temps où tous les humains vivaient de la même façon, si ce temps a un jour existé, a dû n'être qu'une phase d'émergence très brève dans l'histoire de l'Homo Sapiens. Celui-ci se distingue justement des autres espèces par des aptitudes exceptionnelles à s'adapter, c'est-à-dire à évoluer différemment selon le milieu environnant. La marque de l'histoire dans l'inconscient de l'homme ne peut être que la marque d'UNE histoire particulière. La différenciation en communautés, en tribus, en nations, impose l'idée de la différenciation dans le contenu de l'inconscient collectif, ou plutôt des inconscients collectifs. Un bel exemple d'inconscient collectif limité géographiquement est celui que nous avons observé chez les « Rouges » du centre-Bretagne. De cette mémoire d'avant la pensée, de ces archétypes différenciés à la racine des cultures humaines, Montesquieu a perçu ce que devait être *l'esprit des lois*. Je reviendrai plus tard sur cette intuition fondatrice de la démocratie des Lumières.

Troisième chapitre

J'AI VU MOURIR DESCARTES

La raison passe par des explications ; l'identité passe par des signes et par des significations.
Dans ce chapitre, nous constaterons que la façon dont les humains appréhendent le monde emprunte aujourd'hui d'autres chemins que la raison cartésienne. C'est une révolution silencieuse, qui nous mène vers de nouveaux horizons.

EXPLIQUER OU SIGNIFIER

Je salue les philosophes des Lumières pour l'innovation qu'ils ont apportée. Dans un monde où la religion donnait à toute chose une signification théologique, ils ont regardé ailleurs. Ils se sont tournés vers la recherche d'explications rationnelles. La question n'était plus « qu'est ce que cela veut dire ? » mais « comment ça marche ? ». Le mouvement vers les explications, au détriment des dogmes, a volé de victoires en victoires. Ce n'est plus l'hérésie, mais la démarche scientifique qui devient la rivale de la religion établie. La science a progressivement conquis tous les territoires ; celui de l'astronomie avec Galilée, de la biologie avec Darwin, de la psychologie avec Freud. Ernest Renan, en se penchant sur la vie de Jésus, a plongé le fer de l'explication dans le sanctuaire de la révélation. Le goéland, qui s'était installé sur le clocher de l'église, s'est envolé. Il s'est posé sur le toit de l'école.

Le pic de tension entre soif d'explications et soif de significations a aussi été son dénouement. C'est l'émergence et la chute des deux totalitarismes du XXe siècle, semblables dans leurs dévastations, opposés dans leur moteur.

Le nazisme a donné ses signifiants pour obligatoires. L'État prend la place de Dieu au centre de cet univers. Les nazis se réfèrent de manière très logique aux Chevaliers Teutoniques. Pour les Teutoniques, le sens de la vie individuelle et collective était l'avènement du royaume de Dieu. Pour les nazis, c'est l'espace vital du peuple allemand. La condamnation de ceux qui sont désignés comme les ennemis, Juifs ou opposants politiques, n'a pas à être argumentée devant un tribunal. Un signifiant n'est pas un concept que l'on doit expliquer ou justifier, mais qui se révèle aux partisans du bien. C'est une force qui inspire, qui transcende et qui s'impose.

La démarche du communisme stalinien est l'exact contraire de la démarche nazie. Il a donné ses explications pour obligatoires et englobantes. L'histoire humaine, même ses remous les plus incertains, s'explique par la science marxiste. Lyssenko revisite la génétique végétale et condamne les travaux de Mendel comme réactionnaires. Kondratieff, dont les observations sur les cycles économiques ne correspondent pas aux explications préétablies, meurt en déportation. Les purges nazies condamnaient au silence les adversaires du régime. Les purges staliniennes, au contraire, exigent des accusés qu'ils contribuent à l'explication. Pour les nationaux-socialistes, il fallait éliminer les mauvais « je suis », les Juifs, les homosexuels, les handicapés. Pour les communistes, il fallait anéantir les mauvais « je pense », schizophrènes, paranoïaques, phobiques de toutes sortes.

Face au nazisme, la victoire des deux alliés, libéralisme et communisme, a été la victoire de l'explication sur la signification. Mais après le succès total, comme chacun sait, il n'y a plus rien à faire, excepté de le défaire. La fin de la guerre 39-45 n'était que le prologue d'une nouvelle tragédie, dont le cours n'est pas achevé. Les nazis avaient ressuscité à leur manière l'ancien monde, saturé de significations, de violence et d'arbitraire. Face à eux s'est coalisé le monde moderne. Il a triomphé. Mais, saturé d'explications, il se révèle triste et glacé. Les derniers penseurs des Lumières, Camus, Cioran, sont ceux de l'absurde et du désespoir. Le mythe d'Œdipe, soumis à un destin sans explication, n'est pas plus attirant que le mythe de Sisyphe, enchaîné à une tâche sans signification.

Nous voilà parvenus à une situation à la fois analogue et inverse de celle de Voltaire et des encyclopédistes. Ces derniers devaient se frayer un chemin dans un labyrinthe de significations apportées par la religion, par la monarchie de droit divin, par les traditions aristocratiques. Leur démarche n'a pas été de donner de nouvelles significations aux choses, mais d'en chercher des explications. Ils ne furent pas des hérétiques. Ce fut un formidable progrès.

Aujourd'hui, nous devons nous frayer un chemin dans un labyrinthe d'explications complexes, de plus en plus oppressantes, de moins en moins certaines. L'explication, même fausse, donne accès au pouvoir. Celui qui peut expliquer sa volonté l'impose à celui qui ne peut pas expliquer la sienne. L'univers de l'explication devient celui de l'exclusion de l'homme ordinaire. Dans un tel monde, plutôt que d'avancer de nouvelles explications, il nous faut à notre tour traverser le miroir. Cette fois, c'est le miroir des Lumières, devenu celui de la raison bureaucratique. Il ne s'agit pas de rebrousser chemin et de chercher refuge dans le passé. Ni la pensée magique, ni la tentation totalitaire ne sont à l'ordre du jour. L'avenir c'est l'inconnu ; ce n'est pas l'abîme. Le futur se construit par les nouvelles significations, bien plus que par de nouvelles explications.

DÉDUIRE OU PRÉDIRE

Je pense donc... Cinq mots. Clé de voûte de la philosophie moderne. Nous passons sous cette affirmation comme sous un arc de triomphe. Il nous conduit vers l'existence. Je me représente le monde, donc je le possède. Je le possède, donc j'existe.

Jean Paul Sartre, agitateur-fétiche de la bourgeoisie intellectuelle du XXe siècle, le dit à sa manière impérative. *« Il ne peut pas y avoir de vérité autre, au point de départ, que celle-ci : je pense donc je suis, c'est là la vérité absolue de la conscience s'atteignant elle-même. Toute théorie qui prend l'homme en dehors de ce moment où il s'atteint lui-même est d'abord une théorie qui supprime la vérité, car, en dehors de ce cogito cartésien, tous les objets sont seulement probables, et une doctrine de probabilités, qui n'est pas suspendue à une vérité, s'effondre dans le néant ; pour définir le probable il faut posséder le vrai. Donc, pour qu'il y ait une vérité quelconque, il faut une vérité absolue (...) »*

Que puis-je lui répondre ? Ai-je les qualités requises pour défendre les *probables*, alors que je ne revendique pas le vrai ? Est-il permis de douter des *vérités absolues* du grand raisonneur, alors que les identités ne reposent que sur des réalités diverses ? Nous allons voir...

Je ne suis pas seulement un taulard récidiviste. Je suis aussi un ingénieur agronome, impliqué dans l'élevage breton. Les facettes très différentes de ce que je suis me permettent de développer de façon originale l'un des thèmes de ce livre, à savoir les identités individuelles et collectives. Mais revenons à la logique cartésienne et à la vérité sartrienne. Dans mon domaine professionnel de la santé animale, j'ai vu une grande vérité logique, le principe de causalité, régner en maître. Puis je l'ai vu vaciller, avant de s'effacer.

Durant les années 80 et les premières années de la décennie 90, j'ai dirigé un laboratoire de diagnostic vétérinaire pour les animaux d'élevage. La méthode était irréprochable d'un point de vue scientifique. Nous cultivions les bactéries trouvées dans les organes des animaux malades. Nous les isolions, pour identifier celles qui étaient pathogènes. Puis nous réalisions un antibiogramme, pour déterminer quels étaient les antibiotiques actifs sur ces microbes.

Raisonnement impeccable. Nous savions identifier la cause et nous savions comment la détruire. Plus de cause, plus d'effet. Plus de bactérie pathogène, plus de maladie. Descartes, avec nous !

J'ai vu apparaître les premières études d'écopathologie. Plutôt que de rechercher les causes, il était possible d'identifier des *facteurs de risques* liés à l'environnement, à la génétique, à l'alimentation, aux méthodes d'élevage. Les études scientifiques, au fil des ans, sont devenues de plus en plus précises sur les facteurs de risques. En élevage de lapins, selon le déséquilibre entre la température et la vitesse de l'air, les animaux développent, soit des problèmes respiratoires, soit des problèmes digestifs. Le calcul des écarts à la moyenne sur ces deux paramètres expliquait et même prévoyait la pathologie ; le germe que j'isolais perdait de son importance.

La question des facteurs de risques est devenue centrale quand la demande sociétale a été de limiter l'usage des médicaments vétérinaires. Nous faisions la différence entre les antibiotiques, extraits naturels d'organismes vivants, et les anti-infectieux, obtenus par synthèse chimique. Cette différence a été balayée par le mot-fétiche « antibiotique », appliqué à tous les antimicrobiens.

Nous demandions aux éleveurs de respecter les délais d'attente avant abattage, à l'issue desquels les molécules médicamenteuses avaient été métabolisées. La gestion des résidus médicamenteux dans les viandes est devenue une marque d'échec. A l'obligation de résultat, à savoir une viande saine pour le consommateur, s'est substitué une obligation de procédures. Il fallait créer les conditions pour que le microbe n'apparaisse pas, ou ne puisse s'exprimer ; et donc que les molécules médicamenteuses ne soient pas utilisées.

Aujourd'hui, les approches prédictives ont largement remplacé l'approche cartésienne. L'accumulation de données, le *big data*, permet des analyses scientifiques et ce que l'on appelle *l'élevage de précision*.

Le principe de causalité se voulait universel et déductif. Les approches prédictives n'ont pas cette prétention. Elles hésitent à généraliser. Elles sont inductives, comme toutes les sciences expérimentales. Elles n'apportent aucune démonstration. Elles accumulent des constatations. Elles sont faites pour fonctionner, pas plus. D'ailleurs, elles fonctionnent, en général... Elles se satisfont de balayer le présent et le passé immédiat. Elles n'apportent aucune perspective à long terme. Seul importe le futur immédiat.

DÉPOSSESSIONS

Notre perte de la perspective renvoie aux intuitions de Marshall MacLuhan sur le passage de la galaxie Gutenberg à la galaxie Marconi[15]. Le média, c'est le message ! Le média imprimé, qui a prédominé depuis la Renaissance, sollicite la vue, la vue seulement. Puis sont venus des médias qui sollicitent l'ouïe : la radio, l'enregistrement de la voix, de la musique, des bruits du monde. Nous avons quitté la galaxie Gutenberg. Nous ne sommes pas vraiment dans une galaxie Marconi, celle de l'oreille, mais plutôt dans une galaxie *YouTube*. Ce que l'on voit bouge et ne nous appartient plus. Tout le monde prend la parole et nous n'en maitrisons plus le rythme. La perspective se brouille par la sollicitation de l'oreille, et aussi et surtout de l'émotion. Les différents sens, le goût, le toucher, l'odorat finiront bien par être sollicités eux aussi. Le message évoluera en conséquence.

L'évolution de l'explication vers la prédiction se fait dans un contexte de révolution technologique. Mon domaine scientifique de la santé animale, où l'explication était reine, a subi une triple mutation et une triple dépossession.

La première mutation tient à la quantité et à la qualité des données analysées. Elle n'a plus rien à voir avec ce qui peut être stocké dans un cerveau humain, dans une salle d'archives ou dans une bibliothèque. Le volume de données stockées sous forme numérique augmente continuellement, de manière exponentielle. Ce sont des données structurées mais aussi des données brutes de différents formats comme des photos, des sons, des coordonnées GPS. Nous sommes dépossédés de la propriété des informations, donc du sanctuaire où nous pouvions croire en nous-mêmes.

La seconde mutation vient de la provenance des informations. Jusqu'à présent, elles passaient par des individus, qui pouvaient au passage les biaiser ou les rectifier. Du fait de la généralisation des capteurs et de *l'internet des objets*, le passage par un filtre humain peut ne plus exister. Cela n'empêche pas les biais. Le capteur peut se détraquer, ou être tout simplement mal placé. Nous sommes dépossédés du contrôle, donc du sanctuaire où nous pouvions croire en l'autre.

La troisième mutation tient au traitement des données. Jusqu'à présent, les scientifiques pouvaient se prévaloir d'une logique dont l'origine était connue. Claude Bernard avait théorisé la démarche scientifique expérimentale : *« On fait une observation ou une expérience. Mais une fois l'observation ou l'expérience faite, on raisonne. C'est alors que toutes les explications peuvent arriver, avec la couleur de l'esprit de chacun »*. On le voit, la démarche est centrée sur la recherche d'explications, tout en admettant que chaque esprit scientifique peut différer par sa *couleur*. La découverte scientifique est signée. Le savant en prend la gloire et la responsabilité. Cette démarche est démodée. La logique est désormais enchâssée dans des algorithmes. Le traitement des données, c'est-à-dire l'intelligence, devient anonyme et artificielle. L'analyse des informations ne vise plus à expliquer les phénomènes, mais à les prédire. Nous sommes dépossédés de l'explication, donc du lien entre l'effet et la cause.

Peut-il y avoir des ponts entre explication et corrélation ? Je constate que, quand l'explication court après la corrélation, elle se ridiculise. Au XIXe siècle, l'École française d'anthropologie avait établi des corrélations entre les races humaines et les rapports coloniaux de l'époque. Elle en avait tiré des relations de causalité, qui se sont perdus dans les cauchemars des certitudes racistes.

Les progrès de la génomique ont permis d'établir des corrélations entre la présence de certains gènes et les comportements délictueux ou déviants. Le passage à la causalité a été fait. Attendons les catastrophes.

Nous avons connu récemment les progrès de la diététique. Des corrélations ont été établies entre des habitudes alimentaires et l'espérance de vie. Le passage à la relation de causalité alimente des controverses dont l'inanité apparaît progressivement, ou apparaîtra dans les temps qui viennent.

Statistiquement, ceux qui, en Bretagne, lisent les avis mortuaires dans leur journal quotidien ont une espérance de vie plus faible que ceux qui y lisent la bande dessinée… Pour vivre plus longtemps, devons-nous modifier notre manière de lire le *Télégramme* ou *Ouest-France* ? Ah, méfions-nous des passages intempestifs de la corrélation à la causalité !

Le principe de causalité se voulait la seule voie de l'anticipation. La corrélation est devenue une autre façon de prévoir un phénomène, tout en abandonnant la prétention à le comprendre.

Nous ne prétendons plus, non plus, à la durée. Une corrélation est limitée dans le temps. Nous sommes assaillis de courbes exponentielles qu'il est impossible de corréler durablement.

Abandon de l'explication, abandon de la durée. Signe d'un nouveau monde ou signe d'effondrement ?

LA FIN OU LES MOYENS

L'approche prédictive a modifié la santé animale, la production agricole et sans doute l'ensemble de l'activité économique. La notion de qualité en a été chamboulée. J'ai assisté au passage de l'obligation de résultats à l'obligation de moyens. J'ai vu s'affirmer l'identité des produits agricoles et alimentaires à travers les moyens mis en œuvre pour les produire.

Les obligations de résultats concernent les produits finis. Il est normal que la viande produite par un éleveur et transformée par l'industrie agro-alimentaire soit saine, sans résidu toxique, goûteuse. À la fin du XXe siècle, nous autres professionnels nous nous attendions à ce que ces obligations de résultats prennent une nouvelle extension. Au-delà du produit fini, les obligations allaient aussi concerner l'environnement naturel de l'élevage ainsi que l'environnement social. En partant de l'objectif d'une viande sans résidu, nous nous attendions à passer à l'objectif d'une absence de résidu partout. Nous allions passer de la santé des animaux à la santé des terres agricoles, des rivières, des bords de mer. La satisfaction des travailleurs et celle des consommateurs allaient aussi s'intégrer dans les obligations de résultats. On parlait alors des trois *bien-être* : bien-être animal, bien-être du consommateur, bien-être de l'environnement. C'était la floraison du *développement durable*, avec ses trois piliers : le pilier économique, le pilier social, le pilier environnemental.

Les obligations de résultats favorisent l'innovation. Celui qui s'en sort est celui qui trouve les meilleurs moyens d'économiser les ressources, les siennes et celles de la planète. Sous la pression écologiste, l'extension des obligations de résultats allait susciter de nouvelles concurrences, où l'imagination s'unirait à la science.

En fait, il n'en a rien été, ou si peu.

La soif de significations, qui est une soif d'identité, a touché l'agriculture et l'alimentation. Or la signification est apportée bien plus par la manière de faire que par le résultat. L'objet que fabrique l'artisan, fût-il plus cher, moins solide, moins fonctionnel, a plus de signification que l'objet industriel dont la fabrication a été confiée à une machine anonyme. Celle-ci pourtant ne succombe ni à la distraction, ni à l'erreur, ni aux imperfections humaines. La différence est que, au-dessus de l'objet artisanal, plane une identité.

En élevage, j'ai vu les obligations de résultats s'étendre, mais, finalement, pas beaucoup. Les obligations de moyens, en revanche, ont pris des dimensions considérables.

Après avoir quitté mon laboratoire vétérinaire, j'ai créé un cabinet d'ingénierie puis une entreprise d'informatique. La fréquentation des chercheurs en biologie m'avait persuadé que les aides à la décision et les systèmes experts allaient structurer l'avenir de l'agriculture. Les ordinateurs de poche venaient d'apparaître et l'*agriculture raisonnée* inspirait de grands espoirs.

Ainsi, avec un de mes premiers logiciels, un éleveur ou un vétérinaire pouvait évaluer, à partir de facteurs environnementaux, le risque de contamination d'un élevage de volailles par des bactéries pathogènes, les salmonelles. Le logiciel donnait une prédiction, corrélée à plus de 95% avec l'analyse bactériologique. Je contribuais au contrôle sanitaire et à la diminution des traitements. Avec mes logiciels de prédiction, je me croyais en avance. Mais je n'avais pas tout anticipé…

En ce début des années 2000, le scandale des poudres animales se superposait à celui de la vache folle. La maladie de la vache folle était due à un micro-organisme très particulier, le prion. Celui-ci pouvait se transmettre par la nourriture, lorsque les poudres alimentaires, obtenues par cuisson et broyage de cadavres d'animaux, avaient été insuffisamment chauffées. Interdire l'utilisation de poudres animales non contrôlées pouvait se comprendre. Mais l'interdiction de tous les produits d'origine animale, et non seulement des poudres d'équarrissage, dans l'alimentation des vaches, cochons ou volailles, venait saper les démarches élémentaires des nutritionnistes. Leurs calculs portaient sur les calories, les protéines digestibles ou les minéraux. Ils visaient un résultat : une ration correspondant aux besoins de l'animal, au meilleur prix et avec le moins de gaspillage possible. Les produits animaux sont beaucoup plus digestes que les végétaux. De plus, ils apportent des éléments indispensables, vitamines, acides aminés. Seule l'industrie chimique peut compenser les déficits dans les rations strictement végétales. Avec l'interdiction des poudres animales, l'équilibre des apports nutritionnels devait être complètement revu.

Il n'a pas été rajouté aux obligations de résultats *« l'aliment doit être exempt de prion ; À chacun de trouver les moyens radicaux, ou sinon vous allez le payer cher »*. Non. Il a été imposé une obligation de moyens. Il fallait désormais se limiter à des produits d'origine végétale, minérale ou chimique. Tous les animaux étaient sommés de devenir végétariens ! Des nouveaux hussards noirs venaient nous faire la morale et nous asséner des vérités d'école primaire de la Troisième République : *« La vache est un animal herbivore. Telle est la seule vérité, la vérité absolue »*.

Les vieilles classifications, qui séparaient de manière étanche les herbivores, les omnivores et les carnivores n'ont pas de réalité stricte. Elles sont caricaturales. Mais, il faut l'avouer, les caricatures sont souvent plus compréhensibles qu'une réalité complexe. Elles donnent du sens. Elles nous parlent d'identités animales. Les démarches scientifiques, ou seulement raisonnables, devaient leur céder la place. Les nutritionnistes ont dû refaire tous leurs calculs, avec de nouvelles matières premières.

Mes clients sont revenus vers moi. Ils m'ont dit qu'ils m'aimaient bien, mais qu'ils ne voulaient plus d'aides à la décision parce que, tout simplement, ils ne voulaient plus décider. Ils voulaient seulement être conformes à la législation. Les nouvelles normes ne correspondaient, ni à des siècles de savoir zootechnique, ni à leurs observations, ni à leur expérience quotidienne, ni à leur familiarité avec les animaux. Mais ils n'avaient pas le choix.

Moi non plus, je n'avais pas le choix. Au revoir l'aide à la décision ! J'ai orienté mon entreprise vers la conformité à la législation. Je l'ai adaptée au nouveau contexte de l'obligation de moyens : signature électronique des documents vétérinaires, traçabilité des intrants, traçabilité des animaux ; formulaires de suivi d'élevage, inscrits dans des décrets.

En quelques années, l'industrie agro-alimentaire a bien compris la demande postmoderne de signification et d'identité. Les études prospectives notent l'émergence de nouveaux marchés prometteurs. Citons-en quelques-uns. Les produits locaux. L'alimentation communautaire – le hallal, le casher, ... -. Les labels de qualité ou d'origine. Le bio. Le végan. Le « sans quelque chose » - sans gras, sans gluten, sans sucre... -. L'aliment-santé. L'aliment-plaisir. L'aliment-nostalgie... Toutes ces tendances révèlent une demande de sens ou d'appartenance.

Les obligations de moyens, dans un monde où l'équilibre entre la démographie et les ressources est rompu, accentuent le gaspillage. Les obligations de résultats favorisaient le plus économe en tout, en matière, en énergie, en travail. Avec les obligations de moyens, les plus inventifs n'ont aucun avantage compétitif. La végétalisation de toutes les rations alimentaires des animaux d'élevage au début des années 2000 est un bon exemple des pertes et des gaspillages induits par les obligations de moyens. L'Europe brûle tous les ans des milliers de tonnes de protéines animales et importe des protéines végétales, cultivées là où c'est encore possible. La forêt amazonienne rétrécit d'autant...

Ainsi, mon expérience professionnelle m'a enseigné que les objectifs, économiques, écologiques, sociaux, pouvaient être surclassés par la recherche insatiable de sens et d'identité.

Enseigné, ou plutôt rappelé... Car j'avais déjà rencontré une telle situation...

LA RAISON BAFOUÉE

Après mes études d'agronomie et avant de travailler dans la biologie et l'informatique, j'ai vécu pendant plusieurs années en Irlande et en Ecosse. Je garde le souvenir de mes séjours à Belfast, en Irlande du Nord, au cours des années 70. Les Irlandais nomment pudiquement cette époque celle des *troubles*.

Les groupes paramilitaires rivalisaient en attentats. D'un côté les Républicains, partisans d'une Irlande complète et séparée de la Grande Bretagne. De l'autre les Unionistes, partisans du maintien de l'Irlande du Nord dans le Royaume Uni. Traditionnellement, les catholiques étaient républicains, les protestants étaient unionistes.

Seán MacStiofáin, chef d'état-major de l'IRA, l'Armée Républicaine Irlandaise, au début des troubles, m'avait expliqué que les Républicains organisaient des attentats dans le cadre d'une *stratégie économique*. Il fallait que le maintien de la présence britannique en Irlande du Nord coûte plus cher que le départ. La stratégie, alors, était claire : désorganiser la vie sociale et économique, en Irlande, et aussi en Grande-Bretagne. Obliger l'ennemi à de lourds investissements improductifs. Certes, tout cela était terrifiant, mais le jeune ingénieur que j'étais y trouvait une logique.

En face, les unionistes s'attaquaient aux quartiers catholiques, où j'étais hébergé par des amis. Il y eut une période pendant laquelle se multiplièrent les *sectarian murders*, les crimes sectaires. Je me souviens d'une nuit où mon hôte, accompagné d'hommes que je ne connaissais pas, m'a réveillé. Ils m'ont demandé de les rejoindre rapidement dans une voiture qui devait m'envoyer vers un autre hébergement. Le quartier était, cette nuit-là, la cible d'attaques sectaires. Les meurtriers pénétraient dans les maisons et mitraillaient au jugé toutes les personnes qui s'y trouvaient. Ces crimes étaient pour moi incompréhensibles, car ils ne visaient pas à gagner la guerre. Les tueurs sectaires ne sont pas rationnels, si tant est que la guerre soit raisonnable. Il m'était pénible de voir la raison aussi maltraitée...

Après la nuit vient le jour et la vie ordinaire. Ordinaire ? Lorsqu'une vieille voiture inconnue était mal garée dans Beechmount, mon quartier de résidence, elle pouvait être piégée. Là encore, le résultat était de tuer, non pas des ennemis déclarés, mais des quidams, considérés a priori comme républicains. Les voitures vraiment piégées étaient en fait très rares. Il est des guerres à but meurtrier. Ici, ce n'était pas le cas. La guerre d'Irlande des années 70 n'avait pas pour but premier l'élimination physique, mais la terreur. Celui qui perd n'est pas seulement celui qui meurt. C'est aussi celui qui a peur de mourir.

Le minimum de prudence était de changer de trottoir. Je faisais ce détour durant les premiers jours. Mais ensuite ? La raison se ridiculise. Je file droit. Comme les autres hommes. En revanche les femmes, surtout quand elles ont des enfants, ne se comportent pas ainsi. Alors pourquoi ? Pour défier l'ennemi ? Pour le coup d'adrénaline ? Peut-être, mais, en y réfléchissant, je n'en suis même pas sûr. Défi inexplicable à Voltaire, à Rousseau, à tous les philosophes. Défi à la pensée raisonnable.

J'ai croisé à nouveau ce mystère quelques mois plus tard, alors que je travaillais en Mer du Nord. J'étais ouvrier sur une barge pétrolière dans la zone du gisement Frigg, entre les îles Shetland et la Norvège. Les forages s'approchaient de la nappe de gaz. Le risque d'accident était faible, mais réel. La plateforme serait-elle satellisée si la pression était trop forte ? Les calculs étaient-ils bons ? Une seule barge devait rester sur zone. La plateforme devait être évacuée, sauf de ceux qui contrôlaient la progression du forage. Qui est volontaire pour rester ? Qui veut prendre le risque ? L'immense majorité ! Nous étions presque tous volontaires. Pour la prime ? Pour montrer que l'on n'a pas peur ? Là encore, j'ai le sentiment que ces explications sont insuffisantes. Il n'y avait pas chez mes compagnons d'aventure, ni en moi-même, cette raideur caractéristique de ceux qui ont quelque chose à prouver, ou quelque chose à gagner. La déception fut grande, chez les recalés, de devoir s'entasser sur les barges qui s'éloignèrent du site. Elles revinrent quelques jours après, lorsque la phase délicate eut été achevée avec succès. La nappe de gaz avait été atteinte sans anicroche.

Oui, il m'est pénible de voir la Raison, avec un grand R, ridiculisée... Mais, honte à moi, j'ai participé au forfait. Je suis même un récidiviste. Je n'ai plus le droit de me revendiquer d'en être l'ami fidèle. J'ai ressenti, auprès de la déesse Raison, la présence d'un parèdre dont je ne connais pas le nom. La Raison est sérieuse, absolue, inquiète. Lui est ironique, relativiste. La Raison se concentre sur des objectifs. Son parèdre s'intéresse à la beauté du geste, à la signification. La Raison a une éthique, son parèdre a une esthétique.

Quel couple infernal ! Installé dans nos cerveaux...

SE FAIRE PEUR

Se faire peur. Nos sociétés s'inventent des peurs bien plus grandioses que mes non-peurs, à Belfast ou en Mer du Nord. Dans une Europe prospère et apaisée, les récits d'effondrement se multiplient. Le tragique est à la fois attrait et répulsion. Nous virtualisons le tragique, afin de l'apprivoiser. Dépasser la raison, par le haut ou par le bas, par la droite ou par la gauche, répond semble-t-il à une nécessité actuelle. Il faut sortir de la banalité durable, trop durable. Banalité de l'individu de masse, noyé dans une banale société de masse, tout en bénéficiant d'une protection de masse. Pour jouir de la prospérité et de la paix, nous nous persuadons que la Raison est indispensable, mais doit être dominée. Cette domination passe par notre capacité de transgression.

Transgresser pour se sentir exister.

La modernité a inventé la pensée circulaire. Dans sa phase tardive apparaît une angoisse qui est, elle aussi, circulaire. Elle se nourrit d'elle-même. La cause et l'effet se confondent. Nous l'avons vu, la pensée se suffit de penser. Il en est de même de l'angoisse existentielle : elle se suffit d'exister. Le serpent du monde se mord la queue et s'affole.

Angoisse circulaire.

Les peurs engendrent des mouvements sociaux, plus ou moins incontrôlables. L'horreur, pour le fonctionnaire, c'est le recul des services publics, l'anarchie des initiatives et des ambitions. Pour le travailleur indépendant, c'est la multiplication des normes et l'omniprésence du fonctionnaire. Peurs sociales antagonistes. Cauchemars différents. Ai-je le droit de m'en amuser ?

Oui, j'ai le droit de m'en amuser. Mais pas de les mépriser. Écoutez-les bien avant de juger. Leurs peurs ne se réduisent pas à des égoïsmes corporatifs ou à des perversions mentales. Fondamentalement, ce n'est même pas la peur d'une perte personnelle. Non, derrière les peurs sociales, les uns et les autres se désespèrent de ne plus trouver les éléments nécessaires à un fonctionnement raisonnable, et donc acceptable par tous. C'est la peur de ne plus comprendre ce qui se passe, de ne plus pouvoir anticiper. C'est la peur de voir s'éloigner la modernité et toutes les certitudes qu'elle nous apporte.

Les peurs écologiques affolent bien plus que les peurs sociales. La fin du monde était autrefois le discours des prophètes de malheur. Seuls les adeptes y croyaient, et ils n'étaient pas nombreux. De nos jours, pour la majorité des populations occidentales, la nature s'éloigne. En 1940, la moitié de la population française était rurale. Désormais, 80% des Français vivent dans des villes. Oui, pour beaucoup d'entre eux, la nature est devenue lointaine, quasiment irréelle. À ce titre, elle est divinisée, ou alors diabolisée. Elle est soupçonnée de toutes les faiblesses et de toutes les traîtrises. Changements climatiques. Perte de la biodiversité. Avancée des déserts. Mutations catastrophiques dues à la radioactivité. Plantes invasives. Pandémies. Pollutions mortelles.

Dans une fable, Jean de la Fontaine nous raconte la différence entre le rat des villes et le rat des champs. Les peurs des champs sont différentes des peurs des villes. Aujourd'hui, les peurs citadines sont liées aux déséquilibres d'une nature que les citadins ne connaissent plus. Les peurs rurales sont causées par les déséquilibres entre les masses humaines, que les ruraux ne fréquentent pas. Chez eux, peur de l'intrusion. Peur des invasions migratoires. Peur d'un remplacement de populations. Chacun a peur de ce qu'il ne connait pas ou qu'il ne connait plus. Là où l'homme se fait rare, l'afflux d'étrangers -vu dans les médias- annonce la fin d'un monde. Là où la nature est devenue invisible, ses soubresauts -vus dans les mêmes médias- annoncent la fin des temps.

À chacun son mythe de la permanence ; à chacun son récit de l'apocalypse.

L'absence de peur, à Belfast ou en Mer du Nord, marquait les limites supérieures de ma raison. Au-dessus était la témérité et l'inconscience. Les peurs virtualisées en marquent les limites inférieures. Au-dessous est la fatalité, l'impotence, le repli. Nous ne croyons plus que la raison soit toute puissante. Nous ne croyons plus en sa permanence. Nous ne croyons plus qu'elle puisse nous protéger. Les peurs apocalyptiques sont des voies de transgression, pleines de significations. « Choisis ton apocalypse, camarade ! » est le symétrique de « Donne un sens à ta vie ! ». Choisis le chemin que tu prendras, et choisis aussi celui que tu refuses !

LE FOND DE L'IMPASSE CARTÉSIENNE

L'antispécisme est apparu récemment, bousculant l'approche de la nature. Ce courant de pensée s'est popularisé par le régime alimentaire végan et par les vidéos exposant les pires aspects des abattoirs et des élevages. La vieille écologie politique faisait du respect de la nature une éthique. Les antispécistes ont une approche très différente ; ils demandent à la nature de respecter leur éthique à eux. Dans l'ouvrage *La révolution antispéciste*[16], Yves Bonnardel affirme : *« L'humanisme qui se pose comme un universalisme est un chauvinisme d'espèce, intenable d'un point de vue éthique ».* Que de vérités à la Jean Paul Sartre, martelées par des « ...ismes » de toutes sortes ! La nouvelle éthique considère que le vieil humanisme est obsolète et lui préfère une compassion indifférenciée envers tous les animaux supérieurs. Remarquons que les autres êtres vivants, plantes ou animaux dépourvus d'un système nerveux digne de ce nom, sont hors du champ compassionnel, tant pis pour eux...

Nouvelle éthique ? Non. En y regardant de plus près, l'antispécisme n'est pas un nouveau paradigme, mais un cartésianisme exacerbé. Nous en sommes, plus que jamais, à « Je pense, donc je suis ». Je pense la vie. L'existant doit impérativement découler de ma pensée. La nature laissée à elle-même est cruelle et stupide. Elle a créé des espèces invasives, elle a inventé les carnassiers... La nature n'est pas conforme à la Pensée, à la pensée bonne, à la pensée mienne. La pensée se doit de dominer la nature et de la recréer à son image.

Jamais Descartes n'aurait imaginé que son « je pense » puisse prétendre à une telle domination sur le « je suis ». Je me pense herbivore, donc je suis herbivore. Les muscles de ma mâchoire, l'adaptation de mon tube digestif, tout cela doit se soumettre à mon « Je pense ». Il y a cinq siècles, le cartésianisme avait nourri les sciences naissantes ; aujourd'hui, les sciences viennent au secours du cartésianisme finissant. Je me pense blond ou brun, je me colore les cheveux. Je me pense homme ou femme, je me pense blanc ou noir, je me pense herbivore ou carnivore, j'en appelle au progrès scientifique. Les technologies modernes vont reconfigurer mon « je suis » à partir de mon « je pense ». Certes, selon Descartes, l'homme est maître et possesseur de la nature, donc de sa propre nature... Mais à ce point-là !??...

L'antispécisme est très intéressant pour notre réflexion. Il révèle un aboutissement. Il pousse la modernité cartésienne au bout de sa logique. Il propulse les anciennes utopies sociales et naturalistes au-delà de l'humain. Il impose son horizon à « l'universel ». Ce faisant, il ose la rupture entre humanisme et universalisme. Il choisit l'universalisme contre l'humanisme, l'universalité face à l'humanité.

Une telle option nous ouvre la voie vers son inversion : un humanisme sans universalisme ou, plus concrètement, une humanité sans prétention à l'universalité. Les Bretons ne peuvent qu'être à l'aise dans une telle approche. Personne n'imagine que la Bretagne puisse porter une vérité universelle. Personne n'imagine non plus d'exclure les Bretons de l'humanité. Nous faisons partie de la troupe, même si nous ne pouvons prétendre la diriger. Et nous doutons qu'il faille désigner un chef pour diriger une troupe aussi hétéroclite... Pour aller où, d'ailleurs ?

L'universalisme s'est épanoui tout naturellement dans les empires mondiaux. Les descendants les plus généreux ont voulu transcender l'immense butin qu'ils avaient reçu en héritage par un credo tout aussi universel que celui de leurs ancêtres, mais plus

« moral ». L'universalité aime l'unité. Les héritiers ne connaissent pas les différents climats, océaniques, méditerranéens, continentaux et autres, ni bien sûr nos microclimats, mais s'inclinent devant LE Climat. À leurs yeux, nos écosystèmes si variés ne font pas le poids devant LA Nature. Ils nous répètent inlassablement qu'ils sont *citoyens du monde*, et que tous les hommes sont égaux en droit. Ce noble idéal universel les ramène à l'idéal impérial de leurs ancêtres par une terrible chaîne logique. Pour que les droits soient mondialisés, il faut que les lois le soient aussi. Les lois sont dictées et garanties par une autorité politique. La conclusion est évidente : pour bénéficier des mêmes droits, tous les hommes doivent être soumis à une même autorité, une autorité mondiale, une république universelle. L'idéal impérial s'est cristallisé dans le cerveau des héritiers des anciens empires, comme le même *« communautaire-égalitaire »* s'est maintenu dans le cerveau des Centre-Bretons.

L'universalité des droits, selon ses partisans, devrait mener à la justice et au bonheur planétaires. Malheureusement, on ne peut étendre les droits sans étendre le pouvoir du législateur. Que peut-il faire de ce pouvoir étendu ? Il est facile de le deviner. *« Le pouvoir tend à corrompre ; le pouvoir absolu corrompt absolument. Les grands hommes sont presque toujours des hommes mauvais »* disait Lord Acton. L'expérience historique ne fait que le confirmer.

L'humanité peut heureusement se concevoir sans la concentrer en une identité unique. Appelons cela *polyhumanisme*, comme d'autres parlent de polythéisme pour inviter chacun à choisir ses propres divinités. Les spiritualités païennes ont l'intuition de plusieurs forces supérieures, qui les concernent et qui concernent leur collectivité. Elles n'en font pas un absolu. Elles n'en déduisent pas une nécessité missionnaire. Elles laissent aux autres collectivités la tâche de découvrir et écrire le récit de leurs divinités particulières. À notre tour, faisons, non pas des divinités, mais des communautés humaines, un bouquet de réalités et de croyances. Il n'existe, pour chacune d'elles, aucun jugement valable en tout temps et en tous lieux. Quoiqu'en disent les gentils héritiers des empires mondiaux. Ne cherchons pas à les convaincre ; l'idée de hiérarchie est gravée dans leurs cerveaux. Ils verront toujours, derrière les soleils de l'altérité, l'ombre unique et uniforme de l'apartheid et du racisme…

La différence entre l'universalisme et le polyhumanisme est que l'un porte une ambition d'unité dans la vérité, l'autre un souci d'équilibre. L'un nous parle d'amour, l'autre de respect. La différence entre les deux termes est une question de distance. Pour unir, il faut définir, justifier, normaliser. L'amour impose de rapprocher, éventuellement de fusionner. Les universalismes politiques, religieux, idéologiques ou philosophiques ont toujours justifié les moyens qu'ils utilisaient, même les pires, au nom de l'union finale. L'objectif du polyhumanisme est complètement différent. Ce n'est pas l'amour fusionnel de l'autre, mais la coexistence. Pour coexister, ni l'amour ni la contrainte unificatrice ne sont des solutions pertinentes. Il faut passer par l'intelligence, par la tolérance, par la compréhension. Il n'existe pas de compréhension véritable envers les êtres que vous voulez unir à tout prix et dont vous voulez modifier la nature même. L'antispécisme est un bon exemple d'universalisme qui s'enivre de mots-fétiches, *amour*, *compassion*, *éthique*. On peut en redouter les méthodes d'endoctrinement et les perspectives de pouvoir au nom d'un bien pour tous.

Il est courant de considérer qu'il existe un lien fort entre universalité et pérennité. Les vérités universelles sont éternelles. Par voie de conséquence, le non-universel est soupçonné d'être éphémère. Cette corrélation est fausse. Ainsi le Shinto, au Japon, ne revendique nullement l'universalité ; il existe depuis des millénaires. Le manichéisme a revendiqué l'universalité et il n'a pas survécu. C'est aussi le cas de nombreuses sectes scientifiques ou religieuses. La courbe est toujours la même. Les porteurs de vérités universelles passent du militantisme à la médiatisation, de la médiatisation à l'heure de gloire, puis au dépassement par des universalités concurrentes, enfin au mépris et à l'oubli. Leurs vérités globales sont remplacées par d'autres vérités globales, sur fond de violence, de mensonges et d'intolérance.

L'identité est la bifurcation qui nous permet de sortir de l'autoroute de la modernité cartésienne. Nous devrons néanmoins nous acquitter d'un droit de sortie. La modernité nous a permis d'avancer vite et loin. Il nous faut en payer le prix, en laissant au péage ce que nous avons accumulé, notre confort matériel, notre bonne conscience, nos « idéaux ».

La voie de la modernité et des vérités universelles était large et droite. Les routes de l'identité sont sinueuses, souvent mal entretenues. Certes, les paysages sont plus variés que ceux de l'autoroute, mais nous y sommes moins protégés contre les accidents. Nous pouvons être bloqués par une rivière en crue ou par un arbre arraché au talus un soir de tempête. Le chemin n'est pas clairement balisé. Un tracteur ou un troupeau de vaches peut nous retarder. Une divinité, sortie d'on ne sait où, peut demander aux autochtones de porter la barbe ou des robes de couleur safran. Notre trajet au pays de l'identité échappe à la raison et au calcul. Qu'est-ce donc que ce pays absurde et replié sur lui-même, ce pays des identités, en rupture avec la Raison ?

Quatrième chapitre

QU’EST-CE QUE L’IDENTITÉ ?

Ce chapitre traite d’un changement de paradigme. La modernité s’achève[17]. L’identité est la revendication-clé d’un monde émergent.

L’IDENTITÉ, UN DESTIN

Existe-t-il une identité de souffre-douleur ?

J’ai observé, sur les barges pétrolières de la Mer du Nord et en prison, un phénomène qui m’a interpelé. L’agressivité des individus les plus violents se portait sur certaines personnes en particulier, alors qu’il n’y avait aucune raison pour que ce soit elles qui soient agressées.

Agression, à connotation sexuelle ou non, d’un nouvel arrivant sur la barge. Pourtant, personne ne le connaissait et rien ne le différenciait. Coups de pied dans les tibias, toujours aux mêmes, lors des promenades dans la cour de la prison, pour des raisons qui n’ont rien à voir avec la victime. Je n’ai pas pu établir de corrélation entre le statut de souffre-douleur et des traits physiques, psychologiques ou sociaux. Il y avait des introvertis et des extravertis, des jeunes et des vieux, des grands et des petits, des laids et des beaux gosses.

En interrogeant les souffre-douleurs, je me suis aperçu qu’ils n’avaient vraiment pas de chance dans la vie. Était-ce de leur faute ? Étaient-ils des imbéciles congénitaux ? Non, ils ne se différenciaient pas par un handicap intellectuel ou psychologique.

Étaient-ils nés sous une mauvaise étoile ? Une telle hypothèse nous entraîne vers des contrées que je connais mal, vers l'ésotérisme et l'astrologie.

À m'entendre parler ainsi, les psychologues se lèvent, furieux. Non, le destin n'existe pas ! Oui, les losers peuvent s'en sortir ! Il faut pour cela qu'ils adoptent une attitude *positive*, positive, vous dis-je ; il faut qu'ils travaillent sur eux-mêmes... Que dire ? Ni les astrologues qui pointent du doigt la mauvaise étoile, ni les psychologues adeptes de la pensée positive ne m'ont convaincu. J'ai pourtant rencontré des souffre-douleurs, ils existent bien...

Parler de destin se rapporte à une fatalité. Cela ne correspond pas à l'esprit de la modernité, si dynamique. Bien sûr, le bouddhisme à la mode occidentale nous persuade de l'existence de karmas. Nous sommes tolérants à la poésie orientale. Et puis, le bouddhisme n'est peut-être qu'une graine de notre futur... Le destin, dans l'avenir, reprendra peut-être des couleurs. Les gènes et les mèmes pourraient bien être les nouveaux signes du destin, signes raisonnables, éventuellement scientifiques. Ils sont adaptés à notre civilisation matérialiste et aux raisonnements de cause à effet. Des nouveaux gourous nous interpellent, au nom de la diététique ou de l'épigénétique. Ton destin est dans ce que tu manges, dans les vitamines, les microéléments, les oméga3, les anti-oxydants ! Ton destin est dans ce que tes parents ont subi, dans les traumatismes qu'ils t'ont transmis !

Imaginons l'au-delà de ce destin génétique ou épigénétique, mémétique ou diététique. Imaginons le destin, quittant l'univers de l'explication pour pénétrer celui de la signification. Le destin s'évade de la démarche scientifique, il requiert quelque chose de plus subtil que le lien de cause à effet. Il réclame l'intuition du visionnaire. Il réclame tout ce que le savant moderne n'a pas osé avouer, tout ce qu'il a oublié de partager, tout ce qu'il n'a pas voulu admettre.

Derrière le destin et l'identité du souffre-douleur apparaissent d'autres destins. Celui de l'exploité et de l'exploiteur, de l'artiste et de l'ingénieur. Destin de celui qui commande et de celui qui obéit. Destins de beauté, destins de prospérité, destins de misère. Destins individuels et destins collectifs. Retour à l'antiquité ? Peut-être. Les tragédies grecques sont des récits de destins. Les destins humains se faisaient et se défaisaient lors de transactions entre les dieux. Cette invention est-elle pur délire ? Ne serait-ce pas plutôt une profonde intuition, celle de l'interaction entre des forces inconnues, peut-être supérieures, qui marquent certains d'entre nous ? Nous avons parlé précédemment des gènes et des mèmes, parce que la modernité nous contraint à nous exprimer de façon matérialiste. Mais ce langage se démodera un jour. Le destin et l'identité, alors, seront abordé d'une autre façon.

L'IDENTITÉ, UN FOLKLORE

Je conçois le vague agacement de ceux qui entrent dans nos maisons bretonnes alourdies de meubles anciens. Quand ils sortent, ils contemplent sur nos voitures des autocollants BZH ou une petite bigoudène hilare « A l'aise Breizh ». Je conçois aussi l'incompréhension irritée de ceux qui ne peuvent pas aller à un match de foot, un concert de rock ou une manifestation politique, fût-ce parfois au bout du monde, sans qu'un individu improbable ne fasse flotter sur la foule notre drapeau noir et blanc, le *Gwenn-ha-du*.

Les identités les plus fortes s'expriment par un folklore visible. La Bretagne n'échappe pas au phénomène. On pourrait même dire qu'elle s'y complaît. Mais elle ne constitue pas une exception. Ainsi, en politique, l'identité de gauche radicale a-t-elle généré une variété de postures et d'expression. Au XXe siècle, cette identité s'est exprimée par le drapeau rouge ou les tee-shirts marqués du visage de Che Guevara. Les identités sexuelles s'expriment, elles aussi, par des accoutrements, des drapeaux, des apprêts, des mimiques.

Une identité forte crée un clivage asymétrique. Durant l'après-guerre, face à l'identité de gauche, l'identité de droite était peu démonstrative. Le folklore identitaire de droite n'existait qu'à la marge. Il ne revendiquait pas une idéologie impressionnante, sous peine de passer pour demeuré, ou alors carrément fasciste.

Tout au plus pouvait-il se réfugier sous l'ombre du général de Gaulle. Mais il ne pouvait évoquer un penseur sacré comme Karl Marx, ni un héros légendaire comme Guevara ou Ho-Chi-Minh. C'était là des références incontestées. La droite, ou plutôt les droites, n'avaient pas et n'ont toujours pas ces références autrefois rassembleuses. Les droites peuvent être libérales ou autoritaires, chrétiennes ou laïques, royalistes ou républicaines[18]. Selon Chantal Delsol[19], la droite se modifie selon les transformations de la gauche. Quand la gauche est autoritaire et étatiste, elle désigne la droite comme « néolibérale » ; quand la gauche revendique la libéralisation des mœurs, elle accuse la droite d'être « réactionnaire » ; quand la gauche se veut proche des migrants, elle traite la droite de raciste. À distance de ce vocabulaire qu'il ne contrôle pas, l'électeur de droite revendique généralement un pragmatisme de bon aloi, une sorte d'égoïsme raisonnable, un attrait pour l'ordre ou pour l'argent, une amertume face au bordel ambiant, au mieux une tendresse pour le bon vieux temps. Le nouveau militant de droite, d'après ce que j'ai pu observer, voudrait se construire une identité originale, au-delà de ce vieil électeur tranquillement conservateur. Il voudrait compenser l'asymétrie, ne pas être seulement celui qui n'est pas de gauche. Alors, il s'insurge publiquement contre les comportements qu'il juge contraire à l'ordre social. Mais on le sent encore mal à l'aise dans l'affichage.

De toutes façons, le militant de gauche reste beaucoup plus ambitieux dans la dénonciation. Lui, il ne s'insurge pas seulement contre des comportements antisociaux, mais aussi contre des pensées jugées néfastes : homophobie, climato-scepticisme, état d'esprit raciste. Par cette primauté donnée à la pensée, le militant de gauche est le plus représentatif de la modernité. Il est fondamentalement un adepte du « Je pense donc je suis » ; Les actes de mes adversaires sont mauvais **parce qu'ils pensent mal**… Au folklore extraverti des avant-gardes se superpose un filtre intériorisé. Le *mentalement-correct* de gauche est identifiable, par ses compagnons et par ses adversaires, comme se reconnait un costume traditionnel. Cette « marque de fabrique » n'a rien d'étonnant lorsque l'idéologie décline et devient une identité.

Souvent mêlé au folklore de gauche, le folklore écologiste est bien vivant. Il ne s'appuie pas sur des héros du passé, mais sur l’image bien plus impressionnante de l’apocalypse du futur. Ce folklore est la preuve que l'aspiration écologiste est aussi une force identitaire. Cela rend malaisé le dialogue avec les professionnels du vivant, comme les agriculteurs, les industriels agro-alimentaires, les bûcherons, les abattoirs. Il en est toujours ainsi lorsque se confrontent, en plus des intérêts, des identités fortes.

L’appel à l’identité par le folklore existe aussi dans le monde de l’entreprise. Les vêtements de travail logotisés forgent une appartenance. Les grandes entreprises entretiennent des centres de vacances, des équipes sportives, des services divers qui débordent sur les activités personnelles. Tout cela consolide le sentiment d’appartenance à une puissance socio-économique.

Les marques d’appartenance à une communauté dominée ou à une communauté dominante n’ont ni la même signification, ni les mêmes conséquences. Le communautarisme est comme le cholestérol ; il en existe un bon et un mauvais. Le bon fait passer de préjugés individuels ou de tourments victimaires vers une dynamique collective ouverte. Le mauvais fait passer d’une posture collective, de supériorité ou d’infériorité, à un enfermement individuel.

DU FOLKLORE A LA SURENCHÈRE

La surenchère identitaire peut aboutir à un jeu de mort.

Le 30 janvier 1948, Gandhi est assassiné par Nathuram Godse, un hindou radical qui refusait tout accord avec les musulmans. Le 4 mai 1989, Jean-Marie Tjibaou et Yeiwene Yeiwene, les deux leaders indépendantistes de Kanaky-Nouvelle Calédonie, sont assassinés par Djubelly Wea, un Kanak qui se voulait plus indépendantiste qu’eux. Je pourrais multiplier les exemples. Ceux qui représentent une identité forte s’attirent les foudres, non seulement de leurs opposants, mais aussi de ceux qui se veulent plus purs, plus radicaux, plus légitimes, plus, plus, plus. La surenchère ne conduit pas forcément à l’assassinat. Mais il faut remarquer que la violence est une manière simple de surenchérir, une manière accessible à tous.

La violence peut n'être que verbale. Je prendrai un exemple péninsulaire. Il existe en Bretagne une *gauche indépendantiste et écologiste*, dont l'activité principale est la surenchère verbale sur la gauche, sur l'écologisme et sur l'indépendantisme, bref sur toutes les identités politiques fortes. Les folklores, alors, se cumulent et s'exaspèrent. Les surenchères s'expriment par le jugement compulsif. Juger n'importe qui et n'importe quoi, mais juger, juger, juger. *« Ils sont juges de droit pour n'être pas jugés »* disait le barde Glenmor. La frénésie accusatoire est-elle liée à la peur d'être soi-même jugé ? C'est possible. En Bretagne, la gauche, l'écologie politique, l'indépendantisme fonctionnent comme des agences de notation. La peur existe chez le militant qui se veut vertueux de perdre son *triple A*.

La crainte d'une mauvaise note n'est pas la seule raison. *« Vos jugements vous jugent »* dit-on. Juger est une façon d'exprimer son identité en la comparant aux actes des autres. C'est une manière d'être créatif sans l'être, en s'attribuant une sorte de contre-action. Juger qu'une action est mauvaise, et exprimer son indignation avec violence, c'est revendiquer une action virtuelle ou symétrique, pour le camp du bien.

Cela dit, la surenchère n'est pas réservée aux militants politiques…

« Je suis plus breton que vous ! » Quand les beaux jours reviennent, nous entendons de nouveau cette phrase. Elle est typique du touriste parisien, qui jure que son arrière-grand-mère portait la coiffe ou que son bisaïeul ne parlait que le breton. D'autres, qui s'appellent Le Bihan ou Le Guen, profitent du passage dans la péninsule pour exhiber leur patronyme comme le Saint Sacrement. Gare à toi, paysan des Monts d'Arrée, si tu t'appelles Blanchard, Van Kleef ou Sadouki ! Il est toujours amusant et pathétique de voir les efforts déployés par nos classificateurs, qui voudraient nous octroyer le droit d'être Bretons sur une base linguistique, culturelle ou génétique. Quel est votre nom de famille ? Parlez-vous breton ? Êtes-vous né ici ? Jouez-vous du biniou ? Êtes-vous alcoolique ?

Observons attentivement la surenchère identitaire. Elle concerne les communautés, et non les sociétés. Pour être français, c'est-à-dire pour faire partie de la société française, posséder des papiers administratifs est nécessaire et suffisant. La bénédiction bureaucratique est impérieuse et rassurante. Elle atomise, mais elle égalise. Certes, il en est qui vous traceront une ligne qui part du gaulois fictif, passe par le parisien acteur de l'Histoire de France, s'égare sur le provincial incertain et s'éloigne vers l'étranger moyen. Mais ce rappel d'une identité communautaire disparait généralement sous les impératifs sociétaux de non-discrimination. La surenchère sur l'identité française s'attire les foudres du politiquement correct, de la démarche citoyenne, des droits de l'homme, bref de Monsieur Tout-le-monde.

Reste donc, pour l'individu insatisfait de n'être qu'un grain de sable, perdu dans le bac à sable français, à revendiquer une identité originale. Il ira la chercher dans son patrimoine personnel, dans la politique, dans ses origines, dans une religion. Avouez qu'il y a là quelque chose de frustrant. D'une part, celui qui surenchérit vous explique que votre identité communautaire doit s'effacer devant l'identité sociale. De l'autre, il vous démontre qu'il a des droits sur votre identité communautaire.

L'IDENTITÉ, UNE MODE

L'identité est à la mode. Elle a remplacé l'engagement. Les professionnels de la politique nous parlent d'appartenance, là où auparavant ils nous parlaient d'idéal ou de raison.

Les identités sont, comme les modes, coquettes et capricieuses. Elles n'ont ni cohérence logique, ni cohérence idéologique. Certaines s'emboitent, d'autres se complètent, d'autres s'excluent. Beaucoup de Bretons voudraient emboîter leur identité bretonne dans l'identité française, et l'identité française dans l'identité européenne. Mais les identités ne sont pas des poupées russes.

L'identité se réfère à l'ethnie, à l'individu, au métier, à la classe sociale, à la nation, au clan. Bref elle fait rêver à une sorte de vérité première.

Les identités expliquent tout, à condition de ne pas les questionner... Ceux qui s'agitent au nom d'une identité collective seraient souvent bien en peine d'en définir les contours. S'il faut en tirer une morale, disons que ce sont les cancres, et non pas les *premiers de la classe*, qui font l'histoire.

À écouter les *premiers de la classe*, les identités sont suspectes. Ils ont tôt fait d'en révéler le fatras. Ils écriront sans doute des milliers de livres sur le sujet. Ils citeront des auteurs prestigieux et ils nous demanderont de courber la tête. Tournons-nous vers les cancres. Ils suivent les modes sans s'interroger. Ils sont peu sensibles aux généralités. Ce qui les intéresse, ce n'est pas la classification, mais la signification. Ils nous apprennent que chaque identité peut être le support d'une aventure singulière. Ils imaginent des solidarités, des fidélités, des passions, des croyances, des ambitions, des sacrifices. Ils y voient aussi des histoires, des légendes, des rêves, des rires et des chansons. Les premiers de la classe aspirent à des vérités stables, des vérités qui s'imposent à tous. Les cancres ne vivent pas dans ce monde de la permanence. Ils sont sensibles aux modes, aux aventures, aux fêtes.

Nous avons pris pour point de départ l'identité bretonne... Eh oui, l'identité bretonne est une mode, un folklore, une fête. Stimulée par un passé à la fois historique et légendaire, décalée par une culture insolite, elle peut inspirer des aventures toniques. Aventures individuelles, créations artistiques ou entrepreneuriales. Aventures collectives de conquête politique. Lors du mouvement des Bonnets rouges de 2013, j'ai vu des milliers de personnes, que l'on a dit illettrées, se rassembler sous le drapeau breton, alors que les premiers de classe et les grands connaisseurs des mouvements sociaux sont restés babas.

Mon identité bretonne est instable, immature, incontrôlée. Elle est peut-être une mode. Elle est sûrement une fête. Elle peut inspirer de nouvelles aventures avant d'atteindre la sagesse.

… Une sagesse à laquelle, dans ces conditions, il est difficile de prétendre.

LES IDENTITÉS SALVATRICES

Je me rappelle d'une manifestation à Rennes qui avait mal tourné.

C'était pour soutenir deux jeunes Bretons qui refusaient de servir la France dans le cadre du service militaire. La police a chargé notre petit groupe. Je me souviens avoir été jeté à terre, agrippé par les cheveux. Ma tête a alors été cognée à plusieurs reprises contre le bord du trottoir. J'ai été conduit au commissariat avec un autre manifestant, Fañch. Nous avons été attachés au radiateur du chauffage central pendant toute la nuit, comme dans les films. Un médecin est passé nous voir. Le sang qui avait coulé de mon front a été essuyé. Aucune fracture, aucune lésion grave n'était à déplorer ; on ne pouvait pas parler de violence policière.

Le lendemain, nous avons été jugés en comparution immédiate et condamnés à un mois de prison ferme. J'ai donc retrouvé la prison Jacques Cartier, mais cette fois dans le quartier des *droits communs*. J'ai été mis en cellule avec un homme de couleur qui avait assassiné plusieurs personnes. Du moins en était-il accusé, et cela occupait son esprit. Je n'étais guère rassuré. Il était manifestement plus costaud que moi. Je me demandais si le compagnonnage qui m'était imposé n'entrait pas dans quelque plan machiavélique. Pourquoi m'avait-on placé dans la cellule de ce monstre ? Serais-je vivant demain ? L'homme était distant. Je comprenais sa méfiance ; je n'avais pas la touche d'un délinquant. Que pouvait faire un intello dans sa cellule, sinon l'espionner ? Nous avons sans doute mal dormi l'un et l'autre, chacun dans son cauchemar complotiste.

Le lendemain matin, je lui ai parlé de la Bretagne, de l'amour que je portais à mon petit pays. Je lui ai raconté l'aventure bretonne. Et je lui ai demandé où plongeaient ses racines. Il m'a alors parlé de son île, perdue dans le pacifique, du côté de Tahiti. Plus il parlait, plus il semblait se détendre. Je lui reparlais de la

Bretagne. Il me reparlait de son enfance, de la vie là-bas. Il souriait. Nous avons ainsi vécu ensemble, dans une sorte de complicité.

À la fin de mon séjour carcéral, je me suis aperçu que j'avais partiellement libéré mon nouvel ami de la seule identité qui lui avait été imposée depuis son arrestation : celle d'un tueur. Les juges, les gardiens, les détenus, les avocats, tous ne le voyaient que comme un assassin. Nos discussions, sans arrière-pensées, l'avaient renvoyé à l'homme et à l'enfant qu'il avait été, qu'il était encore, qu'il voulait être.

Plus tard, chez les Bonnets rouges, j'ai retrouvé le même phénomène. Des individus qui, toute leur vie, avaient été méprisés ou ignorés, se reconnaissaient une identité magnifique, enracinée dans l'histoire bretonne. Ils en rayonnaient. Les Bonnets rouges de 2013 se voulaient les descendants des Bonnets rouges de 1675, paysans bretons révoltés contre les impôts royaux. Ils s'intégraient dans un récit héroïque.

IDENTITÉS OCTROYÉES, IDENTITÉS CHOISIES

Les identités, nous venons de le voir, peuvent être salvatrices, mais ce n'est pas gagné d'avance. Elles peuvent être suicidaires lorsqu'elles sont obsessionnelles. Le mythe de Narcisse nous rappelle que l'on peut dépérir et même mourir d'un trop grand amour de sa propre image. Les identités peuvent être meurtrières[20] en cas de surenchère, ou lorsqu'elles sont attribuées par une autorité extérieure malfaisante.

Les autorités extérieures ne sont pas toujours malfaisantes, mais il nous faut faire une distinction entre l'identité octroyée et l'identité choisie. Entre les deux, l'identité peut être le fruit d'une acceptation. Elle peut être aussi le résultat d'une manipulation, et Dieu sait qu'il existe quantité de manipulateurs de par le monde. Ils flairent les quêteurs d'identité. Les meneurs d'hommes, chefs de guerre, agitateurs politiques, idéologues, personnages charismatiques, savent donner un sens à la vie des autres. Mais dans ce flou entre l'identité octroyée et celle que l'on assume volontairement, peut-on encore parler d'identité ? J'ai rencontré un bon nombre de militants de toutes sortes. J'avais souvent du mal à distinguer une identité véritable ; je veux dire : une identité vivante, qui ne soit pas un produit de l'industrie idéologique. Une identité bio en quelque sorte, sans conservateur, sans colorant artificiel, sans exhausteur de goût. Et j'en ai déduit qu'il faut faire la différence entre l'identité octroyée, l'identité ressentie, l'identité choisie et l'étiquette.

Partons de l'identité octroyée. La plus banale se niche dans votre portefeuille sous la forme d'une *carte d'identité.* Cette identité-là est octroyée par l'État français. Elle permet de vous authentifier et, le cas échéant, de vous contrôler. Mais l'identité octroyée par l'Administration va bien au-delà de l'activité policière. Elle est le document qui vous revient dans le cadre du *Contrat social*. Ce contrat fait de vous un *citoyen* et vous donne accès à des droits garantis par la loi : le droit de vote, la protection sociale, les droits liés au travail. Le contrat vous impose en retour des devoirs : vous devez payer des impôts, obéir aux lois. La carte d'identité valide votre appartenance à une société, la société française.

Jusqu'au XXe siècle, d'autres autorités que l'administration d'État octroyaient des identités : autorités religieuses, corporations, chefs de famille ou de clans, éducateurs, entreprises. L'appartenance, dans ce cas, est l'appartenance à une communauté et non l'appartenance à une société. Elle n'en est pas moins puissante, ni moins légitime. Nous reviendrons plus tard sur cette importante différence entre société et communauté. L'identité peut aussi être octroyée par le diplôme universitaire, par le grade militaire, par le métier exercé. Ces identités octroyées ne sont pas fortuites. Elles sont attribuées avec l'accord, si ce n'est la demande, de la personne concernée.

Passons maintenant à l'identité choisie. L'idée qu'un individu puisse choisir lui-même son identité et ses appartenances s'est popularisé au cours des années 60 et 70 du XXe siècle. Les autorités sociales et communautaires qui octroyaient les identités ont ressenti cette liberté comme une menace de désagrégation et de sécession. L'appartenance à la société française, fer de lance du vieil étatisme jacobin, était ébranlée par des appartenances incompréhensibles. À partir des années 90 furent baptisés *communautaristes* ceux qui se permettaient d'assumer une identité incontrôlée.

Les identités choisies sont d'une variété infinie. La religion inconnue, la tribu oubliée, la croyance farfelue, toutes les communautés marginales défendent des identités problématiques. Faut-il vraiment prendre au sérieux toutes les identités choisies ? Cela ne serait pas très raisonnable. Ce serait manquer de discernement. Comment faire le tri ? Et tout d'abord, comment naissent les appartenances ?

Avant d'être choisie, l'identité est d'abord ressentie. Elle prend sa source dans la sensation de chacun. Le problème est que tout le monde n'est pas à-même de mettre des mots sur ses sensations. On ne passe pas automatiquement de la sensation à la conscience. On ne passe pas automatiquement de l'identité ressentie à l'identité choisie. C'est là que peuvent intervenir les manipulateurs, qui forcent le passage. Le modèle de l'identité ressentie est l'identité de genre, en ce qu'elle peut différer du sexe, des assignations sociales, ou des désignations morales. Le ressenti du genre peut, selon l'équilibre des forces en présence, basculer vers la conscience du masculin, du féminin ou de différents neutres.

Le rang social est, comme le genre, une identité ressentie. Elle peut très bien ne jamais être, ni octroyée, ni assumée. Beaucoup de personnes ressentent, sans forcément l'avouer, qu'elles font partie d'une élite.

Lorsque l'identité devient rigide et, pourrait-on dire, cadavérique, elle devient une étiquette. Les étiquettes s'impriment à partir de ce que les professionnels du marketing appellent un *scoring*. C'est là une technique qui permet, sur une liste de critères d'inégale importance, d'évaluer un client, un produit, ou un fournisseur. Le scoring permet de calculer une note sur 20, sur 100 ou sur 1000, comme un professeur note la copie d'un élève. Il est possible d'utiliser une échelle de couleurs, par exemple pour les aliments industriels. À gauche, le vert signifie que le produit est diététiquement correct ; à droite de l'arc-en-ciel, le rouge indique qu'il y a un danger à en consommer. Celui qui coche les bonnes cases et remporte un bon score peut se coller la bonne étiquette sur le front. La perspective n'est pas de *bien vivre*, mais d'être *bien considéré*. L'étiquette est un indicateur social auquel il est possible de rattacher une utilité et un profit. C'est un contrat avec soi-même et avec les autres. Les étiquettes rassurent sur ce que l'on est, sur ce que sont les autres. Ceux qui n'existent que par leur étiquette sont eux-mêmes de grands colleurs d'étiquettes. Ceux qui assument une identité vivante n'ont en général que faire des étiquettes. Il faut pourtant vivre avec. Les identités politiques vraies étouffent sous des étiquettes trompeuses. Les identités morales ne s'en sortent pas beaucoup mieux, lorsqu'elles sont surchargées d'étiquettes.

SIMPLIFIONS L'IDENTITÉ

J'ai créé une entreprise dans les nouvelles technologies. Pour suivre une mode ? Peut-être. Les innovateurs sont attirés par les nouveautés clinquantes. Toutefois, à la différence des *fashion victims* qui se laissent porter par un mouvement, l'entrepreneur doit créer et entretenir le mouvement qui l'emportera. Dans le numérique, quel que soit le mode de fonctionnement de l'entreprise, la création et l'innovation sont des nécessités. Mais qu'est-ce alors que l'identité, lorsque ce qui est permanent est submergé par les nouveautés ?

Beaucoup de chercheurs se sont posés cette question. L'individu, quand il passe de l'enfance à l'âge mur, puis à la vieillesse, conserve t'il la même identité ? Toutes les cellules de son corps se sont renouvelées. Ses pensées ont évolué. Ses relations, ses lieux de vie, ses passions ne sont plus les mêmes. Celui que j'étais dans ma jeunesse, le suis-je encore à l'approche de la vieillesse, alors que la vie m'a transformé ? Quelle continuité y a-t-il entre la Bretagne d'autrefois et celle d'aujourd'hui, entre la France d'autrefois et celle d'aujourd'hui, entre l'Église d'autrefois et celle d'aujourd'hui ? La réponse dépend de la façon dont se définit l'identité. Au-delà du mot, quel est donc ce phénomène qui défie la raison ?

Tentons de cerner le concept d'identité bretonne, faute de cerner le concept d'identité-en-soi. Ce peut être l'attachement à un lieu. La Bretagne est une péninsule. Je vis dans cette péninsule. Ce peut être une spécificité culturelle. Parler breton, danser la gavotte, revendiquer une érudition particulière. Baigner dans une mémoire collective. Ce peut être une solidarité dans l'espace et dans le temps. Amour des paysages noyés dans le crachin, respect de générations de terriens ou de marins. L'identité, c'est la terre et les morts ; d'autres que moi en ont parlé bellement. Ce peut être un inconscient collectif. Mais alors, comment donner forme au concept ? Comment être conscient de l'inconscient ? Comment peut-on le revendiquer ? L'identité héritée peut être en conflit avec l'identité présente, elle-même en conflit avec l'identité visée. Où est alors la véritable identité ?

Conflits, évolutions, mutations... L'identité est à la fois tout et rien. Elle est continue et discontinue, visible et invisible, consciente et inconsciente, vivante et morte, explicable et inexplicable.

Allons, arrêtons l'exercice ! Nous n'arriverons pas à la définir...

L'identité, même l'identité concrète de breton, n'est pas un concept.

Mais qu'est-ce donc, alors ?

Prenons le risque de la simplification. L'identité est un récit.

Adieu Bourdieu, Freud, tous les philosophes, adieu les psychologues, les sociologues ! Adieu les premiers de la classe ! Bienvenue aux artistes, aux historiens non diplômés et aux romanciers ! Bienvenue aux cancres, aux aventuriers, aux entrepreneurs !

Je sais ce que vous allez me dire. L'identité ne peut pas être seulement un récit. Une telle définition est affreusement réductrice, outrageante pour la pensée. Je sais. Je n'ai pas simplifié à la légère...

Est-ce là un reniement de ma formation intellectuelle ? J'ai avancé dans ce livre des citations d'auteurs prestigieux. Voilà, vous ai-je dit, les mots de personnes sensées et intelligentes. Elles ont exprimé joliment ce que je veux dire. Cela dit, je ne me cache pas sous leur ombre, je ne cherche pas à leur ressembler. Je ne suis pas un penseur professionnel. Je n'en ai ni la volonté ni les diplômes. Je n'ai pas été « formé » par un « enseignement » « supérieur » pour vous pondre une « étude » « académique ». Que de guillemets pour marquer la valeur relative de chaque mot, mais aussi mes distances, mon sourire, ma liberté !

Je ne veux pas intellectualiser l'identité. Celle qui existe dans la réalité vécue, la mienne ou la vôtre, ne fait pas partie du domaine de compétence d'un maître penseur, fût-il bardé de diplômes ou réputé pour sage. Pour parler de mon identité, je me rapporte à ma vie. Vous seuls pouvez parler de votre identité, de l'identité dont vous avez hérité ou de l'identité que vous visez. Derrière votre récit, il y a une ou plusieurs trames ; ce n'est pas aussi simple que cela. Il en est de même pour les identités collectives. L'identité de la Bretagne s'exprime par ceux qui en font un récit de l'intérieur : nos historiens, nos romanciers, nos prospectivistes. Et aussi nos activistes, nos musiciens, nos sportifs, nos artistes, nos poètes, nos entrepreneurs.

Assumer une identité, c'est parier sur un futur et, au-delà du pari, le construire. Je me rapproche ici de la définition que G. Burdeau donne de la nation. *« La nation, c'est continuer à être ce que l'on a été ; c'est donc, même à travers l'attachement au passé, une représentation du futur »*[21].

Les clés de « être-breton » sont revendiquées par des adorateurs du passé. Ceux qui se veulent les gardiens du récit en veulent à ma liberté, au nom d'un critère dont le nom est : authenticité. Que leur répondre, à ces concierges bornés des identités collectives ? Les répliques, je les ai ruminées pendant des dizaines d'années. En voici quelques éructations.

1- La Bretagne n'est pas seulement un passé ; c'est aussi et d'abord un avenir.

2- Dans tout héritage, c'est l'héritier qui choisit ce qu'il conserve. Le mort ne contrôle pas ce qu'il transmet.

3- La Bretagne n'est pas seulement un héritage ; c'est aussi et d'abord une aventure.

4- Ce qui m'importe, ce n'est pas tant d'être le conservateur du récit que d'en faire partie, de ce récit.

5- Aimer la Bretagne doit mener à une vie plus excitante que d'en être seulement le dépositaire.

RÉCITS IDENTITAIRES

L'identité, je l'ai dit et redit, ne peut-pas être pensée dans l'abstraction. Prenons le cas de l'identité française et de l'identité bretonne, en évitant les étiquettes françaises et bretonnes, ainsi que leurs légendes respectives. Les deux identités existent. Mais nous ne parlons pas de la même chose, et c'est ce qui est intéressant.

L'identité bretonne est incomplète. Elle n'a ni dimension administrative ni juridique. Elle est seulement communautaire.

Que dire de notre littérature ? Certes, les gloses en breton, inscrites dans les plus vieux manuscrits, sont antérieures aux plus anciennes gloses en français. Revendiquer une antériorité ?

Les joyaux de l'ancienne poésie bardique en langue bretonne, du fait de ses rimes internes et de ses assonances, ne sont pas vraiment traduisibles. Revendiquer une supériorité ?

Notre musique, avec ses rythmes inégaux et ses modes plus chatoyants que le majeur et le mineur, est-elle comparable à la musique française ? En quoi notre originalité a-t-elle une valeur ? Que dire de nos arts martiaux, quand nos lutteurs se mesurent d'abord avec les Gallois et aussi les Ecossais adeptes du *back-hold* ? Les adeptes de la lutte bretonne, le *gouren*, se confrontent même aux Islandais adeptes de la *glìma*, un art martial qui remonte aux Vikings...

Que dire de notre histoire ? Le Bretagne a été attachée à la France en 1532. Elle est restée *province réputée étrangère* jusqu'en 1789. Ceux qui se penchent sur l'histoire de Bretagne ne peuvent que relativiser l'histoire de France. Honnêtement, ils ne peuvent pas vibrer au sacre de Reims. Ils peuvent lire sans émotion le récit de la fête de la Fédération [22].

L'identité bretonne est à la fois insuffisante, incomplète, antérieure, supérieure, incomparable, incompatible, relative. Waouh, me direz-vous, quel épilogue, ou quel prologue ! Mais à quoi ?

Alors que l'identité bretonne est un récit d'aventures, pas toujours héroïques, l'identité française est d'abord un récit philosophique, pas toujours moral. La France a été fille aînée de l'Église. L'action de Dieu passe par les Francs, *« Gesta Dei per Francos »*, écrivait le moine Guibert de Nogent au XIIe siècle. *« Aussi, nous est-il manifeste que le Rédempteur a choisi le béni Royaume de France comme l'exécuteur spécial de Ses divines volontés* » écrivait en 1329 le pape Grégoire IX au roi de France de l'époque, Louis IX, qui devint saint Louis. *« France, fille aînée de l'Église et éducatrice des peuples, es-tu fidèle, pour le bien de l'homme, à l'alliance avec la sagesse éternelle ? »* rappelait le pape Jean Paul II en 1980.

La France a apporté la civilisation dans les pays qu'elle a colonisé. Il n'est que de citer Jean Jaurès. *« Quand nous prenons possession d'un pays, nous devons amener avec nous la gloire de la France, et soyez sûrs qu'on lui fera bon accueil, car elle est pure autant que grande, toute pénétrée de justice et de bonté. Nous pouvons dire à ces peuples, sans les tromper, que jamais nous n'avons fait de mal à leurs frères volontairement : que les premiers nous avons étendu aux hommes de couleur la liberté des Blancs, et aboli l'esclavage [...] ; que là enfin où la France est établie, on l'aime, que là où elle n'a fait que passer, on la regrette ; que partout où sa lumière resplendit, elle est bienfaisante [...] »* (Discours pour l'Alliance Française, Albi, 1884)

La France, la première, a proclamé les Droits de l'Homme. Elle est le pays de la laïcité, de la liberté. Elle est société démocratique. Depuis le baptême de Clovis, il y a plus de 1500 ans, elle a toujours voulu être un modèle. La Bretagne, elle, n'est que le pays des Bretons...

Les identités s'affrontent, se coalisent. Elles convergent ou divergent. Ainsi, sur le terrain des idées, l'identité française laïque et les identités religieuses se mesurent, s'affrontent, convergent ou divergent. Elles sont sur le même terrain. L'identité bretonne n'est pas présente dans cet univers de la morale. La Bretagne n'est le pays ni d'une vertu religieuse, ni d'une vertu politique. Lorsque l'identité française est un récit philosophique, lorsque la France se veut le pays des droits de l'homme ou de la laïcité, l'identité bretonne ne peut s'y confronter. Les deux identités ne se situent pas dans le même univers. L'une se veut sociale et raisonnable. L'autre est communautaire et spécifique. Face à la France, modèle éthique, l'aventure communautaire bretonne ne peut être, alors, qu'un récit à la fois étranger, antimoderne et immoral. Prenons-en notre parti.

UN RÉCIT-MOSAÏQUE

Je le sais, je vous ai déçu en réduisant l'identité à un récit...

Notez qu'il existe plusieurs sortes de récits. Je vais colorer ma définition simpliste par un exemple personnel. Je reprends mon cas, à la fois concret et singulier, ce qui nous vaccine contre l'abstraction et la généralité. Mon identité est composée de récits qui s'entrecroisent sans forcément se confondre. Je suis à la fois chef d'entreprise, nationaliste breton, écrivain francophone, père de famille, et sans doute autres choses encore. C'est un récit-mosaïque et je suis loin d'être le seul dans ce cas-là.

J'ai évoqué mon identité bretonne. Le récit breton ne peut exister sans évoquer le monde qui l'entoure. De nos jours, celui qui parle breton est un personnage composite. Compte tenu de l'exiguïté de notre territoire, il est forcément multilingue. De la même façon, il ne peut se contenter de la littérature bretonne, ou des performances de nos artistes. Comme mes compatriotes, je suis contraint à des confrontations, à des choix, à des compléments. Mon identité bretonne est une mosaïque mondiale.

L'identité française est différente. Elle est suffisante en elle-même. Elle balaie l'histoire, la culture, la géographie, l'administratif, tous les domaines. En une vie entière, je ne pourrais épuiser ses richesses culturelles. Je pourrais même m'en contenter, comme beaucoup de ces monolingues qui accusent les multilingues bretons de *repli identitaire* ! Bien sûr, les Français ne sont pas tous identiques. La couleur de peau, l'accent, les recettes de cuisine peuvent différer de l'un à l'autre. Le métissage est pour eux une valeur, parce qu'il enrichit et libère. Il enrichit la France de nouveaux apports, humains, matériels et immatériels. Il libère le dominé d'une identité qui ne peut se mesurer à l'identité française.

Une identité qui met la Bretagne au centre ne peut être qu'une mosaïque. La pièce centrale est insuffisante ; elle ne peut être l'unique élément du tableau, ou du récit. La pièce administrative et juridique est française. Elle devient, de plus en plus, européenne. Certes, je peux revendiquer un État breton, ou une autonomie pour la Bretagne. Mais cela ne changera pas grand-chose à mon identité.

Que doivent être les autres pièces de la mosaïque identitaire bretonne, les chapitres de mon curieux récit imbriqué ? Il n'y a plus aucune règle. Le provincialisme d'autrefois s'attachait à ce que toutes les autres pièces du puzzle soient françaises. Il existe aujourd'hui des horizons plus attrayants pour les Bretons que d'être seulement des provinciaux. L'identité bretonne est un récit-mosaïque dont la trame centrale est connue, mais dont le reste est laissé à la volonté ou à l'histoire de chacun. Cette liberté est particulièrement stimulante. Puisque ni Voltaire ni Locke ne sont bretons, nous pouvons choisir nos philosophes sans préjugés ni obligations.

Nous pourrions discuter, dans les récits-mosaïques des Bretons, de ce qui serait disharmonieux par rapport à l'intrigue centrale. Religions exotiques ? Mœurs étranges ? Mais c'est là un jugement esthétique, sans aucune prétention normative. Les débats sur une esthétique de juxtaposition sont bien plus tolérants que les contraintes d'assimilation ou d'intégration qui conditionnent l'identité française.

DES AVENTURES SANS UTOPIE

Les utopies sociales ont fait tourner la roue de l'histoire européenne depuis plusieurs siècles. Elles sont moribondes. Nous vivons dans un monde de vitesse et de mutations permanentes, secoué par des révolutions technologiques. L'accumulation de richesses n'apporte plus ni la sécurité, ni même la pérennité. Nous ne pouvons plus croire en l'utopie d'une société stable, ni au bien-être généralisé.

Les utopies sociales ont modelé notre vocabulaire : libéralisme, socialisme, communisme, coopérativisme, mutualisme, et tous les « …ismes » possibles. Ces utopies devaient nous délivrer de l'incertain. Aujourd'hui, les âmes énergiques, forgées dans les crises et sur fond de déclin de la modernité, nous éloignent de ces rêves de paradis bien rangés.

Les identités les plus intéressantes ne sont pas des récits d'autrefois, qui ont été écrits pour l'édification des jeunes filles de bonne compagnie. Les identités, et l'identité bretonne en particulier, doivent être pensées comme des aventures sans utopie. Il nous faut écarter l'inutile aspiration à être un modèle, ou la perspective d'une marche irréversible vers un bien-être collectif. Le rêve d'une société bretonne protégée, stable dans ses frontières, forte dans sa culture, gagne en cohérence mais perd en intérêt. Elle n'a plus ce magnétisme qui fait lever les cœurs et serrer les poings. Nos fêtes seraient aussi fades que celles de Versailles. L'idéal bourgeois d'une société achevée, obèse, satisfaite, ferait de nous un peuple sans rage et sans appétit… Non, pas ça !

Le récit identitaire existe. Lui imposer un idéal n'apporte rien. Au contraire. L'idéal déracine, il dépersonnalise. Il donne un pouvoir extravagant aux maîtres penseurs, qui nous limitent à leurs abstractions. Écrire soi-même un nouveau chapitre du récit vaccine contre l'intrusion de ces hypnotiseurs qui se revendiquent d'un idéal.

Avoir été relativise la perspective d'être. Nous nous donnons un point de départ plutôt qu'un point de fuite. Chacun raconte son point de départ, singulier, étonnant. Le point de départ a cet avantage qu'il est étranger à la raison. Il relie notre récit à d'autres récits précédents. Un point de départ existe pour chacun, et c'est tout. Il est réel, incontestable, parfois révoltant. Il peut être inspirant, qu'il fascine ou qu'il dégoûte. Une aventure sans utopie libère du point de départ. L'utopie est bien plus contraignante. Elle limite l'horizon à un seul point d'arrivée.

DESSINE-MOI L'IDENTITÉ !

Comme tout récit, l'identité existe en s'inscrivant dans une durée. Une identité collective existe lorsqu'elle s'inscrit dans l'histoire.

Trois moteurs permettent cette inscription.

Le premier moteur est la reproduction. Les identités collectives se transmettent verticalement, de générations en générations. Elles se transmettent aussi horizontalement, entre voisins, entre amis. Elles se transmettent aussi par les livres, l'internet, les médias, les programmes scolaires, les lois.

Le second moteur est la variation. Une identité collective se transforme continuellement. Les habitudes évoluent. Les artistes créent, et leurs créations sont intégrées au patrimoine commun. Elles enrichissent le récit communautaire. Les entreprises et les savants innovent. Parfois, des grappes d'innovation provoquent des sauts qualitatifs de l'identité collective. Les identités s'adaptent aux changements et les changements s'adaptent aux identités.

Le troisième moteur est la sélection. Les identités qui se transmettent le mieux sont celles qui sont adaptées à leur environnement.

Ce triple moteur, vous l'avez reconnu, est celui de l'évolution biologique. Elle a été théorisée par Charles Darwin au XIXe siècle. Les darwiniens modernes nous disent que le second moteur, la variation, n'a pour seul carburant que le hasard des mutations. D'autres théories de l'évolution ont été élaborées. Des découvertes et des expériences récentes démontrent que le pur hasard ne peut tout expliquer, en particulier les grands sauts évolutifs. L'évolution biologique pourrait bien être *orientée*. On peut se demander quelle est cette force qui oriente, et vers où dirige t'elle la vie sur Terre. Henri Bergson, Pierre Teilhard de Chardin, les penseurs du *principe anthropique* et bien d'autres se sont penchés sur cette question. Mais arrêtons-nous là. Chez Darwin, ce n'est pas la théorie des mutations au hasard qui nous intéresse, c'est l'algorithme *reproduction-variation-sélection*. Il caractérise les êtres vivants.

Le récit identitaire s'épanouit dans divers domaines qui concernent les êtres vivants. Le premier auquel on pense est le domaine culturel. Identité et culture sont presque synonymes. La culture primitive a une dimension ethnique et localisée. La culture de l'homme civilisé se veut universelle, tout en admettant des différences de langue et de centres d'intérêts. Loin de la culture, la carte d'identité nous rappelle que l'identité fait partie du domaine institutionnel. Cela dit, nous constatons que l'identité est bien plus colorée qu'un papier administratif. Elle porte les marques d'un statut social et d'une origine. Ce n'est pas tout. Nous avons parlé abondamment de la péninsule bretonne ; eh oui, l'identité a aussi une composante géographique. Elle se nourrit d'une faune, d'une flore, d'un climat. Nous avons vu dans un chapitre précédent tout ce qui préexiste à la pensée.

Une autre dimension de l'identité, sans doute récente, est la dimension technologique. Les outils technologiques nous créent des relations, un savoir, des habitudes. L'identité de l'homme moderne est liée aux outils technologiques et aux pratiques que ces outils imposent aux uns et aux autres. L'identité peut être perçue comme la résultante de plusieurs causes.

Résultante ? L'identité n'est-elle pas plutôt la réalité centrale, observable ? Sans doute est-elle influencée par différents facteurs... Dessinons deux approches, l'une déductive, l'autre inductive.

1 - Une approche déductive

La schématisation par approche déductive est illustrée par le diagramme causes-effets, appelé aussi diagramme d'Ishikawa. C'est un schéma en arête de poisson, recensant les causes aboutissant à un effet constaté[23]. Nous allons modifier le diagramme d'Ishikawa, plutôt destiné à analyser les problèmes qui se posent dans le management d'une entreprise, pour l'appliquer à l'identité, considérée comme l'effet provenant de six catégories de causes possibles.

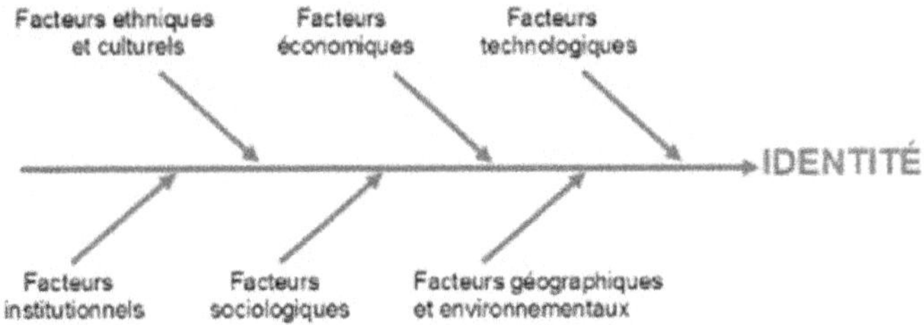

2 – Une approche inductive

Plutôt que d'appliquer à l'identité une méthode cartésienne de type déductif, nous pouvons l'aborder par une méthode inductive.

Nous partons alors des réalités observées, mouvantes entre passé et futur, entre histoire et ambitions. L'identité est centrale. Nous ne remontons pas à des causes, comme dans la démarche précédente, mais nous partons des faits qui influencent la construction, la révélation, l'écriture du récit identitaire. Chaque identité, individuelle ou collective, reçoit des influences plus ou moins forte de chacune de ces réalités[24].

Cinquième chapitre

UNE REVENDICATION POST-MODERNE

Ce chapitre décrit le décalage entre la revendication identitaire et la Raison. La Raison a dominé la période que l'on appelle « moderne ». La dénonciation du communautarisme est révélatrice de la fin d'un cycle historique.

L'IDENTITÉ CONTRE LE PROGRÈS

L'identité a toujours existé. Mais il y a, comme disent les informaticiens, une *réinitialisation*. Elle est désormais l'objet d'une **revendication**. Le social avait connu une mutation analogue. Il fut d'abord appartenance ; appartenance à une classe, une caste, un ordre, un statut. Avec la Révolution française puis avec le socialisme, le social est devenu une revendication. L'identité suit le même chemin.

Il faut attendre le XXe siècle pour que de grands penseurs, de Max Weber à Pierre Bourdieu en passant par Erik Erikson ou Jean Piaget, se penchent sur le phénomène de l'identité. Ils différencient l'identité personnelle, l'identité sociale, l'identité collective, l'identité professionnelle. Freud et les psychanalystes s'y sont penchés eux aussi, introduisant la notion d'identité sexuelle. Les géographes ont introduit la notion d'identité géographique. Les historiens ont répliqué à juste titre que les identités sont des fruits de l'histoire.

L'identité est une revendication qui heurte un des piliers de la modernité : la croyance en un *progrès*. Je pense le progrès. Ainsi pourrait se définir la modernité. Le progrès est d'abord une perspective. Dans l'art pictural, l'invention de la perspective est attribuée aux artistes italiens du XVe siècle. La modernité s'invente alors, à la Renaissance ; la Renaissance s'invente en Italie. Léon Battista Alberti (1404-1472) théorise un lien entre la peinture, la vision et la géométrie. La perception de la profondeur s'obtient en choisissant un point de fuite, point imaginaire vers lequel convergent toutes les lignes.

Croire au progrès, c'est se donner un point de fuite. Ce n'est pas Dieu ; Dieu est partout. Du moins était-il ainsi autrefois. Le progrès est une lueur à l'horizon. Il projette les ombres des acteurs sur le devant de la scène. Il est nommé idéal, utopie, objectif, projet.

Le point de fuite dépend du tableau et de la scène représentée. La société communiste est le point de fuite du tableau représentant les travailleurs. *Liberté-égalité-fraternité* est le point de fuite du tableau qui met en scène les citoyens français. Lorsque Dieu n'est plus là, lorsqu'il n'est plus partout, il part en exil dans son paradis ; il devient un point de fuite parmi d'autres.

Qui dit progrès dit croyance en une perfection. Une perfection dont il serait possible de se rapprocher. Le Dieu de nos ancêtres était toute-puissance, donc autre chose qu'une perfection. Présent partout, il n'était pas un point de fuite. Les actes seraient pesés au jour du Jugement pour déterminer la récompense due. Chacun pouvait *suivre sa voie*, ce qui est bien différent de *progresser*. Les innombrables saints bretons proposent des centaines de voies possibles. Plusieurs de ces voies sont farfelues, ce qui révèle un optimisme essentiel. Nul ne peut augurer la sentence finale. Dieu seul peut sonder les cœurs et les reins. Il sait tout, Il voit tout. Il n'est pas subordonné à la raison humaine. Il marche hors des chemins battus. Ce Dieu-là, le dieu de nos incroyables saints bretons, dont on n'est pas sûr qu'ils soient vraiment chrétiens, m'est profondément sympathique.

Dans le monde économique, le progrès s'appelle *développement*. Un pays sous-développé est un pays qui n'a pas progressé. Il est donc *arriéré*. Une entreprise qui ne se développe pas est en perdition. J'ai repris mes études à 45 ans pour un MBA,

Master in Business Administration. Toutes les matières enseignées, stratégie, comptabilité, finances, management, prenaient le développement comme une évidence. Le sens de la vie économique, c'est la croissance. Après mon MBA, j'ai créé un cabinet d'ingénierie en management de projet, puis une entreprise de nouvelles technologies. Je l'ai développée. Lorsque mes salariés et moi-même avons pu en vivre correctement, je me suis volontairement détourné du développement. La recherche de nouveaux clients et de nouveaux chantiers n'était plus une priorité. J'ai expliqué à mon réseau professionnel que nous n'étions plus sur un mode *start-up*, mais sur un mode *artisanat d'art*.

L'artisan d'art ne cherche pas à développer une production. Les objets qu'il réalise ne sont pas des marchandises mais des œuvres. Ils expriment à la fois une virtuosité, un désir, un besoin, des valeurs partagées entre l'artisan et l'acheteur. Le mode *artisanat d'art* implique des réflexions différentes du mode *start-up*. Il faut trouver un équilibre qui ne soit pas une fuite en avant. A l'enivrement de la vitesse, il faut substituer une autre stimulation. Elle s'obtient par une spécificité du modèle économique, de la relation client, de la gestion, de l'offre de service. Il faut créer un écart délibéré par rapport à la société de masse, à la production de masse, au savoir de masse.

Une stratégie de non-développement n'est pas une absence de stratégie. Les stratégies de développement recherchent l'équilibre dans le mouvement, comme le cycliste sur son vélo. Une stratégie de décroissance est, elle aussi, fondée sur le mouvement, un mouvement inverse, plus risqué, plus difficile à contrôler. Une stratégie de non-développement est fondé, non sur un progrès, mais sur des satisfactions, qui tendent de façon asymptotique vers un état stable. Ce n'est pas la stabilité du cycliste, mais de celui qui marche à pied. Dans les nouvelles technologies, cette stabilité est relative car *l'état de l'art* et la satisfaction des *parties prenantes* sont en constante évolution. L'objectif est, dans ce mouvement, de conserver son humanité et sa virtuosité, dans un flux qui ressemble fort à une drogue. La maîtrise des flux est l'opium des entrepreneurs. Cet opium, comme tous les excitants, correspond néanmoins à un besoin naturel. Il peut s'exprimer de différentes manières selon les cultures : alcool dans les sociétés occidentales, drogues dans les sociétés traditionnelles amérindiennes, danses extatiques, sexualité, violence.

Mes clients ont apprécié notre fonctionnement en mode *artisanat d'art*. Mais moi et mes salariés, nous nous sommes aperçus que la stabilité n'était pas entièrement satisfaisante. La sagesse est ennuyeuse. La sécurité devient pénible quand elle dure trop longtemps. Lorsque le point de fuite est trop proche, la mort sociale se concrétise. Si l'utopie dessine une ligne d'arrivée, alors le chemin qui y mène est une impasse. Il faut avancer, toujours avancer. Pour quelles raisons ? J'en ai lu, bien des réflexions philosophiques, qui disaient que le but, c'était le chemin. Pensée circulaire. Dites-moi, philosophes modernes, quel est l'intérêt du chemin ? Atteindre le but n'a aucun sens ; cheminer vers un non-sens est un non-sens.

La réponse la moins désespérante est apportée par les physiologistes. Elle a été développée par Antonio Damasio[25]. En réalité, ce n'est pas une réponse, c'est un joker. Cela s'appelle l'*homéostasie*. De la bactérie à l'homme, toute entité vivante, individu ou communauté, tend à l'expansion. Vivre, c'est croître. L'équilibre s'établit entre des organismes en croissance, sous la houlette de deux régulateurs : le vieillissement et la ressource disponible. La mort équivaut à une réinitialisation du jeu. Le droit pour tous de croître implique le devoir de mourir ou de faire mourir. J'ai acquis une forte conscience de la mort en m'approchant de mon utopie.

La mort et le progrès sont inséparables. L'union de la mort et du progrès suscite des pensées profondes. Qui suscitent des prophètes. Qui suscitent des dirigeants politiques et des manipulateurs de toutes sortes. Qui suscitent gendarmes, policiers, éducateurs, professeurs, propagandistes. Qui dirigent le peuple vers le progrès et vers la mort.

En cinq siècles, L'Europe a connu des expériences faites au nom du progrès. Bien des voies ont mené à la mort, ce qui est inévitable. Toutefois, malgré toutes les horreurs semées par le progrès, il y a toujours un bénéfice à se dire « progressiste ». C'est la manière moderne de penser *comme il faut*.

L'IDENTITÉ CONTRE LE PROFIT

Je l'ai constaté et chacun de vous peut le constater comme moi : La raison imprègne le cerveau du bourgeois, que l'on désigne aujourd'hui par un acronyme, le « CSP+ », ce qui veut dire : *Catégorie Socio-Professionnelle supérieure*. Au siècle des Lumières, il prend le pouvoir. Il fait s'incliner le peuple de Paris devant la déesse Raison en 1793. La déesse Raison !... Elle rayonne au XIXe et au XXe siècles. Elle revendique les conquêtes scientifiques. Elle désigne d'un clin d'œil complice les avancées technologiques.

La grande valeur bourgeoise s'appelle profit. Il faut *profiter* des circonstances. Les entreprises doivent « faire » du profit. Curieuse analogie avec la fabrication des marchandises... Dans la société moderne, le profit s'est démocratisé ; il concerne désormais tout le monde. Il faut profiter de sa jeunesse, profiter du soleil, profiter du temps libre. Les lois sociales visent à faire *profiter* les salariés de droits légitimes, de la prospérité générale, des congés payés, d'un salaire minimum. Chacun doit pouvoir *profiter* des fruits de son travail. Idéologiquement, le profit hante toutes les sensibilités politiques traditionnelles.

- *Jean Pierre, quand t'arrêteras-tu de travailler ?*
- *Pour quoi faire ?*
- *Pour profiter de la retraite, bien sûr !*
- *C'est quoi, profiter ?*
- *???...*

Ceux qui sont conscients de leur profit - et de celui des autres - en font très souvent un impératif. J'aimerais, comme tout un chacun, savoir profiter. Mon handicap m'a fait adopter dans bien des cas un comportement inobéissant, difficile à expliquer et encore plus à justifier. Je ne le regrette pas, car il a agrémenté ma vie et mes relations sociales.

Le profit, le progrès et la raison se rencontrent dans les mathématiques, au sein de la *théorie des jeux*. Cette *théorie* n'en est pas une, à vrai dire. Elle est un ensemble d'algorithmes qui décrivent mathématiquement le comportement de l'homme moderne. Il veut profiter. Les *jeux* sont les interactions d'individus confrontés à d'autres individus. La théorie des jeux révèle quel est le comportement le plus profitable. Les gains et les pertes de chacun résultent des interactions avec les autres *joueurs*.

Le profit a imprégné toute une génération, la mienne. Curieusement, dans sa jeunesse, elle haïssait les profiteurs et méprisait les rentiers. Devenue vieille, elle ne s'intéresse qu'au confort, le sien et éventuellement celui des autres. Son rêve étonnant est de transformer ses enfants en pensionnés. Quand elle le peut, elle mitonne un héritage pour qu'ils soient protégés, pour qu'ils en *profitent*. Sinon, ils demandent à l'État de les entretenir. Mépris envers sa propre descendance ? Pessimisme des vieillards ? Recherche affolée d'une signification, *in extremis*, de leurs accumulations matérielles ? Tout cela à la fois sans doute.

Le profit constitue un objectif facile à expliquer. Et nous nous interrogeons. Que peut bien vouloir celui qui ne cherche pas le profit ? Réveiller des dieux anciens ? Ouvrir la voie aux barbares ? Chercher du sens aux choses au lieu de chercher du profit, c'est prendre le risque d'allumer une passion incontrôlable. Saint Augustin avait bien vu que, parmi les grandes passions humaines, celle de l'argent est la moins dévastatrice. Les deux autres grandes passions, celle du pouvoir et celle des plaisirs, sont moins raisonnables. Elles sont plus destructrices des liens sociaux. Saint Augustin était libéral avant l'heure, et diablement moderne.

Il est intéressant d'observer ceux qui ont étanché, jusqu'à l'écœurement, leur soif de profit matériel. L'exemple nous vient des États-Unis, là où le terme français « profiter » peut se décliner en plusieurs mots, dont « enjoy ». Pour les plus riches, il est un moment où le profit perd son attrait, et avec lui l'obéissance à la Raison. Où donc ces super-riches américains investissent-ils massivement leur fortune ? Que font-ils de leur vie, quand la passion de l'argent est épuisée ? Ce peut être le pouvoir politique. Un exemple ? Donald Trump. Mais le pouvoir politique n'est pas le seul aboutissement possible au pouvoir financier. Tous les super-riches ne s'engagent pas en politique. Bill Gates, ex-patron de Microsoft, s'attaque aux épidémies en Afrique. Son investissement y est supérieur à celui de l'Organisation Mondiale de la Santé. Plusieurs patrons richissimes du début du XXIe siècle, Elon Musk,

Jeff Bezos, Richard Branson, Robert Bigelow, Paul Allen se sont lancés dans la conquête spatiale. Elon Musk veut voir les humains coloniser la planète Mars. Richard Branson veut être un pionnier du tourisme spatial. Les autres inventent de nouvelles façons de partir ou de vivre dans l'espace. D'autres winners relèvent le défi de l'intelligence artificielle, de l'homme augmenté, de l'immortalité. Ces gageures sont au cœur des préoccupations de ceux qui évoluent dans les hautes sphères de Google ou de Facebook. D'innombrables start-ups ont intégré la vision transhumaniste et élaborent des solutions qui allongent la durée de vie, dopent les capacités du cerveau, donnent à la vision humaine les capacités d'un microscope ou d'un télescope. Les hommes de raison se demandent quelle mouche les a donc piqués. Leur don exceptionnel pour accumuler de l'argent, bref pour *réussir*, aurait dû les immuniser contre l'extravagance...

Dans les sphères supérieures, le profit perd son sens quand le nouveau milliard accumulé n'apporte aucune nouveauté, aucun plaisir, aucun confort supplémentaire. Pourquoi travailler plus ? Symétriquement, dans les sphères inférieures, la recherche du travail le plus rémunérateur ne va plus de soi. Les penseurs progressistes nous ont pourtant expliqué, en long, en large et en travers, que la conquête du profit issu de leur travail donnait un sens à la vie des travailleurs. Ils n'ont cessé de répéter : l'histoire de l'humanité est l'histoire de la lutte des classes. Le but de la vie est de s'approprier - au minimum - le profit né de son propre travail. Pour les patrons, le but de la vie serait d'accumuler du capital en expropriant le salarié du profit qu'il a créé. Ces conceptions sont typiquement des conceptions de penseurs de la modernité. Qui peut encore adhérer à cette *mission* des uns et des autres ?

Le travail, et non pas le profit financier qu'on en tire, peut donner, non pas un but, mais un sens à la vie. Il est préférable pour cela d'être artisan ou artiste. Ils produisent, non pas des marchandises, mais des œuvres. Leur travail perdure à travers un objet de valeur. Sinon ? Hannah Arendt parle de *l'animal laborans*, pour le différencier de l'*homo faber*. Le travailleur moderne est devenu bête de somme. Il est immergé dans la production de masse, dans la consommation de masse. Sa pensée est une pensée de masse, son existence est une existence de masse. Je pense comme n'importe qui ; je suis n'importe qui.

Devenir un super-riche, pour dépasser le profit ? Pari difficile à gagner. Devenir un bourgeois moderne, un CSP+ ? Défaite de la pensée, défaite de l'être. Viser la tranquillité fade, viser bas. L'identité est le cri de révolte de la bête de somme.

LES TROIS P DE LA MODERNITÉ

« Cette échoppe où l'on fabrique l'idéal —
il me semble qu'elle pue le mensonge à plein nez. »
(Friedrich Nietzsche)

Pensée, progrès, profit. Ce sont les trois P de la modernité. Comme pour les Trois Mousquetaires, nous pourrions y rajouter un quatrième élément, ici un quatrième P, celui des peurs, qui accompagne les trois premiers. Il y a cinq siècles, face à la religion médiévale, le mouvement intellectuel engage un combat contre l'irrationnel, l'arbitraire et la superstition. Il commence par donner à l'observation, et donc aux sciences inductives, une place autonome dans le savoir humain. L'astronomie, la physique, la biologie, la médecine se libèrent des préjugés et se développent prodigieusement. L'homme occidental moderne pense alors avoir atteint ainsi des vérités valables partout. Les disciplines mixtes, à la fois inductives et déductives, ne sont pas en reste. L'éthique et la philosophie se frayent une voie autonome, sans renier systématiquement les réflexions élaborées dans le cadre de la morale chrétienne.

L'universalisme, en prenant ses distances avec un Dieu omniprésent, se reproduit sous la forme d'idéaux qui brillent à l'horizon. Thomas More avait introduit un idéal social, certes de façon bizarre, dans les signifiants de son époque. Les idéaux sociaux se diffusent dans toute l'Europe sous la plume des philosophes des Lumières. Ils prennent une forme militante avec la Révolution française. Gracchus Babeuf offre un exemple d'idéal social *chimiquement pur*. La guerre entre l'idéal républicain, le protestantisme et la contre-réforme catholique est une guerre de perspectives. Le Dieu médiéval était partout. Désormais, il faut le situer, lui et son paradis, là-bas où les regards se doivent de converger.

L'animisme était un monde de sensation. En domestiquant la sensation, les groupes humains étaient passés de l'animisme à la religion. Puis la religion, en se structurant, se réinvente et devient un idéalisme. Comme l'animisme, puis la religion, les idéaux évoluent. Ils se structurent eux aussi, ils s'ossifient. Après Érasme et Thomas More viennent les penseurs des Lumières. L'idéalisme prend son essor et devient autonome par rapport au clergé. Au XIXe siècle, l'idéal devient idéologie. La religion avait écarté la sensation, héritée de l'animisme. L'idéologie écarte le sentiment, hérité de l'idéalisme. Elle devient normative. Elle apporte des explications. Pensée, progrès, profit. Elle ordonne les perceptions pour que les réalités perçues soient explicables. La différence entre *idéal* et *idéologie* éclate dans des débats du XXe siècle. Jean Paul Sartre revendique le marxisme comme un humanisme « existentiel »[26], alors qu'un autre penseur, Louis Althusser, rejette l'idée que le marxisme soit un humanisme[27]. Althusser est un idéologue, Sartre un idéaliste.

Les idéologies provoquent des guerres nouvelles. Guérillas pour les uns. Guerres totales pour les autres. Le but n'est plus de convertir ou de conquérir, mais de supprimer. Lorsque la vérité se veut universelle, sa guerre est une guerre d'extermination. Les conflits religieux étaient particulièrement économes en vies humaines, comparées aux guerres menées au XXe siècle au nom d'idéologies. Et puis, au-delà de la guerre, l'ordre social. L'idéal devenu idéologie engendre les totalitarismes. Au-delà des totalitarismes, l'atterrissage se fait dans un monde où tout, pensée, progrès, profit, peut être considéré comme dérisoire…

LA FIN D'UNE ARISTOCRATIE

« L'aristocratie a trois âges successifs : l'âge des supériorités, l'âge des privilèges, l'âge des vanités. Sortie du premier, elle dégénère dans le second et s'éteint dans le dernier. » (Chateaubriand)

La modernité a eu ses aristocrates. Ils étaient à l'avant-garde de la pensée, du progrès, du profit. Il y eut d'abord les penseurs des Lumières ; il y eut les idéalistes révolutionnaires ; il y eut les capitaines d'industrie. Bénissons le premier âge des aristocraties. On s'y donne des devoirs à la hauteur de l'estime que nous avons de nous-mêmes. Les premiers aristocrates ont au cœur la terrible devise des Bretons : « Ret eo », « Il faut ». L'aristocratie de la modernité portait bien haut les trois P.

Elle a dégénéré dans « J'y ai droit » ; elle s'éteint dans « Je m'indigne ». L'indignation est la vanité de nos contemporains en quête d'une noblesse perdue.

Jusqu'à ces dernières années, l'indigné était très dévalorisé face au révolutionnaire des origines, qui proclamait « Il faut », tandis que son compagnon de seconde ligne murmurait « J'y ai droit ». Dans *La lutte des classes en France*, Marx décrit le conflit de 1848 à Paris et l'action de la populace, par opposition au peuple : bandes de jeunes inconscients, capables de courage comme de crapulerie, influençables. Dans un autre texte, pour désigner les masses humaines décomposées et flottantes, il parle de la *bohême*. Engels, sous le terme de *lumpenproletariat*, rassemble tous les déclassés, révoltés, manipulables par les plus malins.

Nietzsche observe les mêmes personnages avec moins de clémence. Il les considère d'une autre manière, sans rapport avec la classe sociale, et les appelle les *êtres du ressentiment.* Ils n'agissent pas pour changer les choses. Avant d'être des déclassés, des inconscients ou des révoltés, ce sont des vaincus. Ils n'existent que par la rancune et la frustration.

Durant les XIXe et XXe siècles, les projets sociaux et la rationalité révolutionnaire sont bien mieux considérés que la révolte. Seuls les romantiques se démarquent légèrement. Ils font de la révolte sentimentale un comportement sympathique, toutefois promis à l'échec et réservé aux peuples inférieurs. Relisez *Bug-Jargal* ou *Quatre-Vingt-Treize*, de Victor Hugo, vous verrez. Pour le grand Victor, les Noirs et les Bretons sont bien gentils, mais n'ont aucun avenir.

L'essai de Stéphane Hessel *« Indignez-vous ! »* (2010) marque le retour en grâce de la révolte à la fois éthique et esthétique. L'indigné devient un modèle à suivre. Je sais donc je m'indigne.

Je sais ? Tout peut être pensé, tout peut être exprimé, tout peut être revendiqué. Peu importe qui m'a enseigné ce que je sais, un livre, internet, la télévision, une vidéo sur YouTube. Les sources de la connaissance ne s'hiérarchisent pas. Halte à la discrimination ! Devrais-je accepter une limitation de mon droit de savoir, une limitation à ma pensée ? Et vous, vous ne vous indignez pas ? Honte à vous ! Pour prouver votre inconscience coupable, voici la perspective d'apocalypse. Vous ne pourrez pas dire que vous ne saviez pas !

Indignez-vous ! Simple, non ? Simple et impérieux comme une vanité.

L'indigné se réclame de valeurs modernes, comme le petit épargnant se réclame des vertus de l'épargne. Malheureusement, ni la modernité ni l'épargne ne fonctionnent comme ils le voudraient. L'indigné n'est pas pour autant un empoté. Pour s'exprimer, il n'hésite pas à utiliser les médias les plus nouveaux, les modes d'expression les plus originaux. L'indignation part d'une éthique traditionnelle pour aboutir à une esthétique transgressive. Transgression par la droite ou par la gauche ? Dans son essai *« Pourquoi les pauvres votent à droite »,* Thomas Frank observe que *« l'indignation est le grand principe esthétique de la culture réactionnaire ».* Il ajoute que donner voix à la colère des opprimés est à la réaction ce que le solo de guitare est au *heavy metal*. L'indignation est l'émotion favorite, le moment magique qui permet de tremper le sentiment de légitimité et de détermination.

Thomas Frank est américain et mon observation d'extrême-occidental européen sera légèrement différente. L'indignation est pour moi un grand principe esthétique de la pensée fétichisée. Il est possible qu'aux États-Unis, la fétichisation de la pensée soit une opération forcément réactionnaire. En France, en revanche, le progressisme est inscrit dans le roman national, avec des expressions de nature sacrée comme *révolution, droits de l'homme* ou *laïcité*. Le progressisme fait partie de la pensée *comme il faut*. Il peut aisément se fétichiser et se prêter à une esthétique de l'indignation. Ce que Thomas Frank appelle *réactionnaire* est peut-être le stade ultime de l'engourdissement intellectuel. L'indigné vit dans le nouveau monde de l'identité et des nouvelles technologies. Mais il s'accroche aux valeurs d'une aristocratie qui a dégénéré.

Malgré mon passé d'insoumis à l'armée, j'avoue que je me sens proche d'amis militaires, ou anciens militaires, quand ils disent « il faut ». J'en suis ému, plus que de la fougue de mes amis militants quand ils disent « nous y avons droit ». Quant à l'indigné, Nietzsche, Stéphane Hessel et Thomas Frank m'inspirent cinq conclusions, que je laisse au choix du lecteur :

1 – Il est plus confortable de faire la morale que de faire l'histoire.

2 - Les mouvements sociaux sont submergés par des personnages hauts en couleur, qui n'ont rien à voir avec le sujet de la contestation, ni avec une option révolutionnaire. Ils créent une confusion sociale et intellectuelle à laquelle il faut s'habituer.

3 – Les indignations suscitent des normes nouvelles, et non pas des libertés nouvelles.

4 - Ceux qui construisent un nouveau monde sont détournés en permanence de leur route par ceux qui alignent leurs indignations comme d'autres alignent un tableau de chasse. Ils sont faciles à repérer : Ils répètent *« on ne lâche rien »* ... jusqu'à la prochaine indignation.

5 – Lorsqu'un mouvement populaire bénéficie du soutien d'indignés, il lui faut obtenir une victoire rapide. Les indignations sont devenues des puissances politiques. Mais elles sont changeantes, fugaces, et finalement conservatrices.

L'ANTICOMMUNAUTARISME, UN RÉVÉLATEUR

Les indignations ne sont pas propres à notre modernité finissante. Il y eut, de tous temps, des imprécateurs, des excités, des révoltés. De nos jours, les indignations mettent en scène les 3P : la pensée, le profit et le progrès. Elles ne préfigurent pas le futur, mais rappellent les grandes valeurs du passé. Elles en font un spectacle. Sur la scène s'agitent ceux qui pensent et ceux qui profitent ; le progrès attendu est caché là-bas, derrière le rideau.

Les indignations anciennes sont passées, elles aussi, par le spectacle ; c'est à ce prix que l'Histoire les a retenues. Évidemment, la mise en scène n'est pas la même. Ainsi, la chasse aux sorcières, en marge de la Renaissance, est l'indignation qui marque le Moyen-Âge finissant. Le spectacle est glaçant : procès, tortures, mises à mort. Ici, c'est l'accusée qui est la vedette, non pas l'accusateur. Apparaissent aussi dans le spectacle des éléments surprenants : Satan, les rites du Sabbat. Autres temps, autres mœurs.

Comme l'indigné moderne, le chasseur de sorcières est la figure dégénérée d'une aristocratie. L'aristocratie spirituelle a dominé le Moyen-Âge. Elle avait émergé avec les moines défricheurs, exigeants d'abord envers eux-mêmes. Parmi eux étaient les fondateurs de quévaises en Bretagne, que nous avons croisés dans des pages précédentes. Leurs descendants dégénérés ont organisé et administré le quadrillage paroissial. Le chasseur de sorcières est le dernier maillon de la lignée, avant le renouvellement en profondeur que constituent la Réforme et la Contre-réforme.

On imagine en général, au cœur de la dénonciation, bassesse et jalousie. Pourtant, le dénonciateur y voit plutôt une exigence sociale. Le chasseur de sorcières se prenait pour un héros qui combattait la conspiration diabolique. Aujourd'hui l'indigné s'inquiète, derrière la déviance particulière qu'il dénonce, d'un danger qui ronge toute la société.

Le dénonciateur actuel utilise les réseaux sociaux et les nouveaux médias. De la même façon, le chasseur de sorcières a très bien maîtrisé le nouveau média de l'époque, l'imprimerie. Gutenberg vient à peine de l'inventer. Un des premiers livres imprimés, le *Malleus Maleficarum,* dénonce les sorcières et organise la chasse. L'ouvrage a connu un grand succès éditorial ; il a été constamment réédité pendant plus de deux siècles. Publié pour la première fois en 1486, le *Malleus* est condamné dès 1490 par l'Église catholique, qui y voyait une exagération du pouvoir de Satan. L'Église se méfiait de cette excitation déstabilisatrice, que les sociologues actuels nomment *« moral panic ».* C'est un sentiment intense, collectif, à propos de personnes qui apparaissent comme une menace pour l'ordre social. Les caractéristiques du phénomène sont connues : le consensus populaire, la disproportion entre le risque réel et le remède proposé, la volatilité du phénomène.

Comme les indignations modernes, la chasse aux sorcières jouait sur la surenchère. Les tribunaux civils condamnèrent les sorcières bien plus souvent et bien plus lourdement que les tribunaux religieux de l'Inquisition. Derrière la surenchère, portée par des excités et des imbéciles, se profile une lutte souterraine, où le froid calcul prédomine. Le pouvoir civil pressent la dégénérescence de l'aristocratie spirituelle. Il cherche à la dominer, y compris sur son propre terrain. L'histoire nous enseigne que ce fut un succès.

L'indigné d'aujourd'hui est le dernier maillon d'une l'aristocratie qui a été l'élément moteur de la modernité. Il en garde un instinct de l'avenir, même si cet instinct s'est perverti. Il est à son aise avec les nouvelles technologies de communication. Il est aussi à l'aise avec le paradigme de l'identité. L'indigné est, pourrait-on dire, un « pré-identitaire ». Il préfère identifier qu'expliquer. L'exemple le plus éclairant est l'indigné de gauche qui identifie ceux qu'il dénonce à des *fascistes*. Il n'est aucunement préoccupé de savoir ce qu'est un fasciste authentique. Les indignés de gauche que j'ai rencontré n'ont jamais lu *« la doctrine du fascisme »*. Ce texte de quelques pages, faciles à lire, a été écrit en 1932 par Giovanni Gentile et Benito Mussolini. J'ai d'ailleurs remarqué qu'ils ne veulent pas se rendre coupable d'une telle démarche, en ce qu'elle pourrait être **signifiante**. Elle pourrait aussi être déstabilisante par son credo antilibéral et pro-étatique, si proche de mots d'ordre que l'on entend aujourd'hui de l'autre côté du spectre politique...

Sur une trajectoire parallèle, le chasseur de sorcières était, lui aussi, à sa façon, en avance sur son temps, tout en étant le dernier maillon dégénéré de la pensée médiévale. Sa démarche pourrait être qualifiée de « pré-cartésienne ». Les argumentations du *Malleus Maleficarum* et des procès en sorcellerie sont truffés de syllogismes et de déductions diverses. Le chasseur de sorcières ne se réfère pas aux dogmes médiévaux. Il échafaude des explications. Sa logique peut se résumer en quatre points.

1 – Pour qu'un complot se trame, il faut une assemblée de comploteurs. Pour qu'une communauté de sorcières existe, il faut qu'elles se réunissent. Donc le Sabbat existe.

2 - Ces réunions sont forcément diaboliques. Donc, en plus de comploter, il s'y fait des choses épouvantables.

3 - On ne voit pas les sorcières aller au Sabbat, or elles y vont. Elles ont donc des moyens de locomotion rapides et insoupçonnables, que l'on retrouve chez chacune d'elles. Un balai n'est pas à exclure.

4 - Elles ont conclu un pacte avec le Diable. Ce pacte est marqué dans leur chair du feu de l'enfer. Pour effacer le contrat, il faut donc brûler cette chair diabolique d'un feu divin. Toute clémence serait dangereuse.

Donc, donc, donc… Des « donc » explicatifs et accusateurs. Des « donc » que l'on retrouve de nos jours, après le temps de la Raison, portés par celui qui est à la fois « anti… » et « …iste ». Le chasseur de sorcières dénonçait des pauvres femmes et généralisait à une communauté diabolique. Aujourd'hui, de la même façon, l'*anti* dénonce et l'*isme* généralise. Au début du XXe siècle, l'anticapitaliste dénonçait le complot des *200 familles*. Après la guerre 39-45, l'antifasciste chasse des sorcières qui ont germé dans son cerveau et qu'il projette sur les autres. Au XXIe siècle, l'antiproductiviste, l'antispéciste, et d'autres anti…istes se doivent d'être colériques en permanence. Leur *juste colère* leur évite de se justifier ; il faut donc que, telle un rempart, elle soit toujours là. Les cibles, comme la sorcière d'il y a cinq cent ans, n'ont voix au chapitre que si elles confirment les délires de l'accusation.

À chaque fois, remarquons que l'accusateur ne s'appesantit pas sur le crime, mais sur l'accusé. Et, par une hyperbole qu'il ne cherche même pas à justifier, il dénonce la ligue à laquelle il le rattache arbitrairement. Le groupe honni peut être une communauté politique, professionnelle, ethnique, religieuse, philosophique. Elle peut être réelle ou fantasmée. Tout est possible.

Voilà, hurle-t-il, un lobby de profiteurs, une réunion de fous dangereux, un complot de méchants ! Voilà un groupe qu'il est légitime de haïr. Évidemment, il faut un groupe puissant et ténébreux... L'anti...iste, comme le chasseur de sorcières, veut s'inscrire dans la grande Histoire. La sorcière toute seule n'est pas crédible, comme n'est pas crédible la perversité de votre voisin juif ou du patron d'entreprise qui a été à l'école avec vous. En Bretagne, le paysan pollueur n'est maudit que comme le pantin d'un puissant et inquiétant lobby agro-alimentaire, auquel sont attribués des méfaits non revendiqués. Le chasseur de sorcières, l'anti...iste ou l'indigné ont besoin de penser en grand.

Une appellation générique est apparue à la fin du XXe siècle : *anti-communautarisme*. Comme le chasseur de sorcières, l'*anti-communautariste* dénonce un mal diffus, multiforme, mais structuré. Un mal qui infecte le bien commun. Quel bien commun ? Le chasseur de sorcières se donnait pour argument -fût-il fallacieux- la défense de l'institution majeure de l'époque, l'Église. L'anti-communautariste se donne pour but -fût-il hypocrite- de défendre l'institution majeure actuelle, l'État-nation. Défendre une institution n'est guère motivant. Il faut lui prêter des qualités supérieures. Pour le chasseur de sorcières, la hiérarchie ecclésiastique devient la *Sainte Église*. L'anti-communautariste attribue à l'État-nation de doux noms : la République, le Service Public, l'État-providence.

Analogue à la chasse aux sorcières, l'anti-communautarisme est un révélateur plutôt qu'un moteur de l'histoire. Eh bien, utilisons ce révélateur pour pénétrer plus avant dans cette mutation contemporaine, annonciatrice d'un changement profond : le choc entre les conventions sociales et les aspirations communautaires.

Sixième chapitre

NOS TROIS IDENTITÉS

Ce chapitre redéfinit les rapports entre l'individu, sa société et ses communautés. La dualité laïque public/privé est mise en question. Nous verrons pourquoi et comment.

COMMUNAUTÉ ET SOCIÉTÉ

Le langage courant fait la différence entre communauté et société. On dit « *communauté de vie* » et non « *société de vie* ». En revanche, on dit « *société civile* » et non « *communauté civile* ». Nous bénéficions d'une part de la *Sécurité Sociale*, d'autre part de *solidarités communautaires.* Dans les conflits « *sociaux* », la revendication est l'égalité ou la justice pour tous. Les conflits « *communautaires* » revendiquent au contraire des spécificités.

La différence entre communauté et société a été théorisée par Ferdinand Tönnies (1855-1936). Contentons-nous d'exprimer ses observations en quelques mots.

La communauté, *Gemeinschaft*, est un ensemble organique. Cet ensemble se caractérise par des solidarités qui naissent d'une proximité. La proximité peut être affective, culturelle, génétique, géographique, économique. Elle se double d'une communauté de souvenirs et d'activités. La communauté de croyances et de mœurs se manifeste par des valeurs partagées. Les proximités créent entre les membres de la communauté un consensus et un plaisir à *vivre ensemble.*

La société, *Gesellschaft*, est une superstructure qui administre des *citoyens*. Les citoyens sont soumis aux mêmes lois et bénéficient des mêmes droits. Le contrat social fonde une société. Il se conclut entre des individus égaux en droit, sous l'égide d'une autorité centrale. Dans une société digne de ce nom, l'individualisme est inévitable. Il naît de la rencontre entre l'intérêt personnel et les droits de chacun.

L'opération de base, dans une société, est l'échange. Cette opération, pour qu'elle ne dégénère pas en un conflit de tous contre tous, nécessite des règles, des normes, des tarifs. Elle nécessite aussi un arbitre pour faire respecter tout cela. Dans les sociétés modernes, l'arbitre est l'État. Il dispose de pouvoirs dits *régaliens* : pouvoir de police, de justice, de contrainte, de redistribution. Dans toute société, les rapports sont fondés sur la pleine conscience des intérêts des uns et des autres. L'individu attend de l'État qu'il impose la justice des transactions, pour que l'échange ne lui soit pas désavantageux.

Dans une communauté, l'opération de base n'est pas l'échange tarifé et contrôlé, mais le partage. L'activité communautaire nécessite une éthique commune, la tarification étant liée à une tradition ou à un consensus, et non à l'arbitrage d'une autorité à la fois extérieure et supérieure. Le partage est demandé par les uns, satisfait par les autres, reconnu par tous. Il existe dans une communauté, de façon le plus souvent implicite, ce que l'on appelle dans les associations un *règlement intérieur.*

La communauté primordiale est la cellule familiale. L'homme, la femme, les enfants, n'y sont pas interchangeables. La relation n'est pas égalitaire entre ceux qui protègent et ceux qui sont protégés, entre celui ou celle qui éduque, celle ou celui qui apprend. Des relations asymétriques existent dans toutes les communautés : communautés villageoises ou rurales, communautés religieuses, tribus, clans. Elles se pratiquent aussi dans divers types d'associations, d'entreprises, de coopératives, même si le social impose des apparences égalitaires.

L'ouvrage « *Communauté et société* » est paru pour la première fois en 1887. Le monde a bien changé depuis cette époque, mais la réflexion de Tönnies reste pertinente. Les rapports sociaux sont l'enjeu central de ce que l'on appelle la *politique*. Les communautés perturbent la politique et la réflexion sociale. Les relations n'y sont pas égalitaires. Elles ne visent pas un quelconque progrès. Elles tendent à perdurer et à s'épanouir. Elles fonctionnent selon le schéma évolutionniste *reproduction-variation-sélection*. Le mouvement y est continuel. La communauté se reproduit, varie et sélectionne en permanence ses variations. L'affirmation identitaire, la différence linguistique, la croyance, l'appartenance se répliquent à la manière des gènes.

L'évolution des sociétés est différente. Elle est rythmée par des réformes ou des révolutions sociales, politiques, technologiques. C'est le cycle ac*cumulation-destruction-substitution,* dont on attribue la paternité à Joseph Schumpeter (1883-1950). Karl Marx (1818-1883) avait dit à peu près la même chose, dans une autre perspective : *lutte de classes-révolution-nouvelle société*. Joseph Tainter (1949-...) a théorisé l'effondrement des sociétés complexes. Il aurait dit *complexification-effondrement-simplification*. Sous diverses dénominations, et à partir d'observations technologiques ou socio-politiques, le fonctionnement est le même. La société obéit à une logique mécanique. Quand cette logique n'est plus adaptée, il est nécessaire d'en changer.

Notre observation des communautés se nourrira, un siècle et demi après Tönnies, de la distinction qu'il a analysée entre société et communauté. Pour ne pas noircir inutilement du papier, voici, en un tableau forcément simplificateur, les différences que nous retiendrons.

	Sociétés	**Communautés**
Moteur des décisions	La raison	Le sentiment d'appartenance
Fondement	Le contrat social	Les proximités
Interactions	L'échange tarifé	Le partage
Valeurs	L'égalité, la justice	L'entraide, la solidarité
Règles de conduite	Les droits	La culture commune
Perspective annoncée	Bien se tenir	Bien vivre

L'INDIVIDU AU CENTRE DE LA SOCIÉTÉ

L'intuition de Tönnies nous ouvre la voie vers d'autres observations. Ainsi, nous pouvons constater que le social permet de préciser les droits, alors que les devoirs se limitent généralement à ne pas enfreindre les lois. Lorsque le milieu devient hostile, les choses s'équilibrent ; les droits restent la référence positive, même si les devoirs sociaux deviennent impérieux ; ce ne sont non plus seulement des interdits. Le communautaire fonctionne différemment. Les devoirs sont l'élément identificateur : accomplir des rites, parler une langue, participer aux cérémonies, accepter des sacrifices, suivre des prescriptions sur l'emploi du temps, sur la nourriture, sur l'éducation. Les droits en revanche ne constituent pas une référence première. Ils dépendent souvent des circonstances et du regard extérieur dont bénéficie la communauté.

Dans les sociétés, la loi est extérieure aux individus. Ceux-ci se réfèrent, non pas à leur conscience, mais à des codes écrits qui structurent la vie en commun. Le procès, c'est-à-dire l'appel à l'autorité externe, est la manière normale de régler un conflit. Dans les communautés, de nombreux auteurs comme Max Weber constate que la loi est intériorisée. Le règlement des conflits passe par une argumentation différente. Le préjudice commun prime sur le préjudice individuel et sur la preuve tangible.

Frédéric Lordon, dans son ouvrage *« Vivre sans ? »* remarque aussi une différence dans le traitement des délinquants : la société enferme alors que la communauté exclut. Dans l'une, la peine est la prison ; pour l'autre, c'est le bannissement.

En fait, la différence entre communauté et société est surtout visible dans la différence de traitement accordé à l'individu. Tönnies admettait avoir été influencé par Karl Marx. Derrière la différence entre société et communauté, il faisait la différence entre le socialisme, à objectif social, et le communisme, à objectif communautaire. Tönnies différenciait ainsi deux idéaux concernant la collectivité. C'était il y a bien longtemps, avant que les sociétés idéales ne se confrontent aux réalités. C'était avant les expériences socialistes et communistes… Les Icare modernes n'avaient pas encore brûlé leurs ailes au soleil de leurs utopies…

Avant ces expériences, le socialisme avait bien été perçu par les visionnaires comme le triomphe de l'individu. Le *culte de la personnalité* n'était alors pas associé au totalitarisme, mais à une perspective émancipatrice. Affirmer sa personnalité était une manière d'affirmer sa liberté.

Oscar Wilde a exprimé le lien entre société égalitaire et individualisation, socialisme et individualisme, dans un curieux opuscule, *« l'âme humaine sous le régime socialiste »*[28]. Le texte date de 1889, deux ans après la publication de la thèse de Tönnies. Il y explique que la propriété privée fait du tort à l'individualisme, par suite de la confusion entre l'homme et ce qu'il possède. La course à la propriété ou à la richesse détourne l'individu du chemin de l'accomplissement.

Oscar Wilde est un provocateur. Il ne cherche pas à plaire, ce qui lui permet une vision dégagée des convenances et des préjugés. Mais cette vision n'est pas exempte de logique, bien au contraire. Si la propriété devient collective, si la production de biens devient elle aussi collective, et si l'individu bénéficie de la redistribution, alors c'est la création artistique, et non le confort, qui permet l'épanouissement individuel. Si la propriété est uniquement collective, profit et progrès ne concernent que le niveau collectif. L'individu étant libéré de la propriété et de l'accumulation de biens, ces notions ne le concernent plus.

Les militants, écrivains engagés et responsables socialistes de l'époque ne pouvaient évidemment pas présenter les choses de cette façon. Ils devaient convaincre les classes populaires que le socialisme était synonyme de modernité -pensée, profit, progrès-, et que cette modernité était synonyme de confort et de sécurité. Le problème était que, aux yeux de tous et en particulier des plus démunis, l'accès au confort et à la sécurité passe par un minimum de propriété individuelle. La solution a été de distinguer socialisme et communisme, tout en les associant. Dans son ouvrage « Le Capital », Karl Marx démontre qu'entre la richesse produite par le travail et la dépense pour renouveler la force de travail, il y avait une différence, qu'il appelle la *plus-value*. Le capitaliste la conservait au détriment du travailleur. La récupération de la plus-value par le travailleur était donc une mesure sociale. Pour y parvenir, Marx théorise la *communauté des producteurs associés*, ce qui fait le lien entre socialisme et communisme

Notre détour par Oscar Wilde nous fait toucher du doigt la relation entre la revendication sociale et l'affirmation individuelle. Nous verrons que c'est là une des raisons pour lesquelles le triomphe des idéaux sociaux ne peut pas être durable, compte tenu en particulier de la limitation des ressources. Se pencher sur les communautés et sur le rôle qu'elles peuvent jouer par rapport aux sociétés est indispensable pour construire l'avenir.

HIER ET AUJOURD'HUI

Ferdinand Tönnies définissait les communautés par des proximités. Qu'est-ce aujourd'hui qu'une proximité humaine ?

Les inégalités de revenus, dans une même proximité géographique, créent des disparités dans les manières de vivre, de manger, de se déplacer, de se distraire. Les statuts sociaux, quant à eux, créent des différences dans le tempo ; les rythmes de travail journaliers et hebdomadaires, les vacances ne sont plus les mêmes. Le nomadisme des bourgeois et les migrations des pauvres bousculent les anciennes proximités. Les codes culturels des uns et des autres, ainsi que les visibilités ethniques, diversifient une homogénéité officielle, largement rêvée. Les diasporas, de leur côté, réclament reconnaissance et affichent leur appartenance communautaire. Les solidarités ne sont plus des solidarités telluriques.

La distinction entre communauté et société se faisait aussi sur la propriété. Les communautés étaient fondées sur des propriétés collectives. Propriétés foncières, mais aussi propriétés immatérielles : parlers spécifiques, services partagés, droits de chasse, coopératives. Les sociétés sont fondées sur des propriétés individuelles ainsi que sur une propriété *publique*, qui n'est pas une propriété *commune* : bâtiments administratifs, services publics. Il existe aussi des propriétés publiques immatérielles : langues officielles, programmes scolaires, jours chômés. De nos jours, cette distinction entre propriétés communes, propriétés publiques et propriétés privées existe toujours, mais elle est moins puissante qu'autrefois. La propriété perd son importance créatrice face aux droits d'exploitation. Les plateformes collaboratives sur internet ont rendu la propriété inutile pour disposer de biens ou de services. Il en est de même des biens immatériels. Les langues et les parlers communautaires contournent la *langue de la république* et les programmes scolaires officiels.

Résumons. **Les communautés, autrefois fondées sur la proximité physique et sur des propriétés collectives, se réinventent sur une *proximité mentale* et sur des *pratiques collectives*.**

L'évolution ne va pas de soi. La proximité mentale donne de l'importance au savoir commun, au langage communautaire, à l'histoire, aux rêves partagés. Ce sont là des signes de reconnaissance et des outils opérationnels, qu'il ne faut pas confondre avec l'érudition. La proximité mentale touche ce que l'on appelle les *valeurs* et la façon dont elles s'expriment, extérieurement et intérieurement, par les comportements, les sensations, les sentiments.

Les pratiques collectives sont celles de parlers communs ; que ces parlers soient des langues à part entière, des dialectes, des déformations linguistiques importe peu. Les pratiques collectives peuvent être sportives comme le *gouren*, la lutte bretonne ; elles sont récréatives comme les *festoù-noz* bretons. Les pratiques collectives sont religieuses, économiques, culturelles. Vu de l'extérieur, ces pratiques peuvent être attribuées à une ou plusieurs communautés sans grande contestation. Que le *pardon à Sainte Anne d'Auray* soit attribué, à la fois, à la communauté locale, à la communauté bretonne et à l'Église universelle ne pose pas de problème majeur. Chacun y reconnait son appartenance. En revanche, quand on passe du communautaire au social, ce n'est pas la même chose. Le diocèse de Vannes est officiellement le seul propriétaire du sanctuaire.

Les communautés sont dans l'obligation de composer avec les normes sociales, donc avec le pouvoir politique et administratif. Lorsque la communauté se sent menacée, elle cherche à devenir un contre-pouvoir. Elle réclame des droits politiques et des dérogations administratives. Elle refuse des devoirs civiques qui la blessent. Dans tous les États-nations, c'est-à-dire les sociétés qui ne reconnaissent qu'une seule communauté qui leur est inféodée, le glissement des communautés non officielles vers des contre-sociétés est un phénomène inéluctable. Quand l'État-nation se veut la seule référence collective, les communautés aspirent à exister au même niveau. Ainsi naissent les séparatismes.

Autrefois, les communautés faisaient partie de la vie publique. Elles formulaient librement leur éthique, parallèlement aux lois de la société. La communauté des chrétiens avait les *Dix Commandements.* En Bretagne, les usages avaient été constatés et plus ou moins codifiés au Moyen Âge par la *Très Ancienne Coutume de Bretagne*. Compte tenu de l'hégémonie actuelle des lois de la société sur les pratiques communautaires, il n'est pas étonnant que chaque communauté souhaite que ses pratiques soient non seulement admises, mais qu'elles deviennent légales. Les Bretons veulent une officialisation de leur langue ; la « communauté homosexuelle » réclame le mariage pour tous. Tant qu'il n'existe aucune alternative à l'État-nation, il n'est pas étonnant que les Bretons les plus vigoureux rêvent d'indépendance, les musulmans les plus radicaux d'une légalisation de la *charia*. Lorsqu'une communauté n'est pas reconnue par une société, elle tend à s'en séparer pour édicter sa propre législation.

Dans les États-nations, l'hégémonie de la société sur les communautés empêche de comprendre les forces qui animent le collectif. Ramener une communauté à des revendications sociales n'est pertinent, ni pour comprendre les communautés, ni pour comprendre les sociétés. L'antisémite est en guerre contre une communauté. L'antisioniste est en guerre contre une société. L'un peut prendre le masque de l'autre, mais ce n'est pas la même haine. Nous venons de le voir, le malentendu est inévitable dans un État-nation. Confusion entre société et communauté. Confusion entre les droits et les devoirs du citoyen d'une part, les solidarités naturelles d'autre part. Revendications d'inscrire les communautés sur des papiers officiels, dans le calendrier des jours chômés, dans les programmes scolaires. La revendication communautaire devient une revendication sociale.

La confusion entre société et communauté correspond à la fois à un idéal et à une nostalgie. Idéal d'un ordre qui serait aussi une harmonie. Nostalgie d'un âge d'or, où l'ordre social et l'harmonie communautaire se confondaient. L'héroïsme, la ferveur, le partage sont des vertus qui font rêver. Elles sont si éloignées de la vie en société, qui privilégie la manigance, le scepticisme, l'individualisme ! Nostalgie des vertus communautaires, enfouies sous les prescriptions sociales !...

L'IMPOSSIBLE LAÏCITÉ

La répression des comportements communautaires non contrôlés ouvre la voie au progrès social. Une république laïque doit *« préserver la sphère publique de tous les communautarismes »*, déclare Henri Peña-Ruiz. La sphère privée *« ne saurait, ni s'imposer à la sphère publique, ni être régenté par elle »*. Conception simple, séduisante. Deux sphères, dont l'une est une sorte de poubelle, avec néanmoins une utilité reconnue, comme toutes les poubelles...

La segmentation public-privé remonterait, si j'en crois Hannah Arendt, à l'antiquité grecque. Mais restons dans notre cadre moderne et français. Au XIXe siècle, la laïcité s'est concentrée sur la séparation des Églises et de l'État, projet limité, concret, adapté à l'évolution des mœurs de l'époque. Et puis les choses ont dégénéré, sans doute par le penchant naturel des Français modernes à l'universalisme. La séparation des Églises et de l'État était une réponse pratique à un problème réel. Elle est devenue le cas particulier d'une vérité universelle : la séparation de la sphère publique et de la sphère privée. Une confusion s'est opérée entre le *public* au sens de *politique*, concernant tout le monde, et le *public* au sens d'*officiel*, d'administratif. Les penseurs politiques, de Thomas Hobbes à Hannah Arendt, ont pourtant montré que l'État et la société sont deux choses très différentes.

En observant mon entourage, je m'aperçois que seuls les fonctionnaires sont à l'aise dans les deux sphères de la laïcité. Pour eux, la sphère publique inclut à la fois l'environnement administratif, l'activité politique et leur travail. La grande majorité des travailleurs, dont je fais partie, ne sont pas dans cette situation. Nous sommes nommés bizarrement *« ceux du privé »*, comme si, ni nous-mêmes, ni notre activité, ne faisaient partie de l'espace public. La dénomination actuelle de *privé* rappelle la dénomination de *tiers état* pendant l'ancien régime. Dans les deux cas, cela signifie *« les autres » ;* ceux qui n'administrent pas la chose publique et n'y ont aucun rôle.

Le fétichisme des Lumières, puis de la Révolution de 1789, a figé la séparation entre sphère privée et sphère publique. Cette conception dualiste ne peut intégrer trois nouveautés fondamentales, qui marquent chacun des trois derniers siècles. C'est la place du travail au XIXe, la nécessité écologique au XXe, enfin l'émergence des identités au XXIe siècle.

Commençons par le travail. Les penseurs de la révolution industrielle, Adam Smith, Ricardo et surtout Marx, ont placé le travail productif et les rapports qui en découlent au centre de la vie collective. L'organisation du travail structure les rapports socio-économiques et déborde sur le domaine politique. Ainsi, ni le travail, ni le capital, ne doivent être limités à la sphère privée ; la collectivité a aussi son mot à dire.

Au XXe siècle est apparue, entre la sphère privée et la sphère publique, l'importance de sauvegarder la nature. La responsabilité écologique ne peut être limitée à une des sphères, publique ou privée. L'action écologique passe à la fois par des lois, par une discipline personnelle, mais aussi -et peut-être surtout- par des actions collectives. L'État ne peut régenter l'ensemble sans tomber dans une forme de dictature ou, plus prosaïquement, dans l'échec : celui de ne pas être obéi.

Au XXIe siècle, la fiction laïque des deux sphères public-privé ne fonctionne plus du tout. Après la question du travail et celle de l'écologie, d'autres problématiques sont apparues. Revendications d'un droit à l'identité. Nécessité de trouver des réponses aux épidémies mondiales, au statut des migrants, aux rémunérations patronales aberrantes, aux pollutions de toutes sortes. Les réponses strictement *laïques* ne font qu'obscurcir ou envenimer ces questions. La *démarche citoyenne* est une tentative pathétique pour concilier le vieux dualisme avec les nouvelles nécessités. C'est le grand retour de l'abnégation, vertu républicaine à l'usage exclusif des pauvres bougres, et qui transforma nos ancêtres en chair à canon lors de la guerre 14-18.

La laïcité fait partie de la galaxie Gutenberg. C'est celle de l'imprimé, répandant un message normalisé et accessible à tous. C'est la galaxie de l'État-nation et de l'alignement citoyen. Le message de la laïcité est un catalogue de normes à visée impériale. La diversité communautaire, considérée comme ingérable, est refoulé dans la sphère privée.

Les nouvelles technologies nous ont fait changer de galaxie. Nous sommes dans celle de l'écran connecté, des messages personnalisés et des communautés virtuelles.

NOS TROIS IDENTITÉS

La pensée binaire fait partie de notre culture politique. Au XIXe siècle, ceux qui n'étaient pas républicains étaient forcément royalistes. Au XXe siècle, ceux qui n'étaient pas de gauche étaient forcément de droite. Autrefois, ceux qui n'étaient pas catholiques étaient forcément protestants. Il paraît que cette pensée dichotomique est héritée du dualisme entre le bien d'un côté, le mal de l'autre. Il paraît aussi que la pensée païenne serait fondée sur des triades, sur une diversité de dieux et de concepts. Mais là n'est pas mon sujet.

La laïcité, nous l'avons vu, s'inscrit dans la continuité des penseurs français des Lumières. Elle fait l'impasse sur les penseurs étrangers qui, dès le XIXe siècle, insistent sur la dimension sociale du travail et du capital. Au XXe siècle, les Bolcheviks russes rejettent, eux aussi, la distinction entre public et privé, qu'ils voient comme un fondement de la société bourgeoise. Aujourd'hui, la laïcité est une exception française, mal comprise ailleurs...

Vous avouerez que je suis prudent. Je m'assure ne pas être le seul à douter de la laïcité. Au-delà du doute, je fais l'hypothèse d'une alternative aux deux sphères séparées, celle du public et celle du privé. Cette alternative, je la construis sur trois sphères imbriquées. Une telle approche nous permettra d'intégrer les problématiques du travail, du capital, de l'écologie, de l'identité et d'autres encore.

La sphère privée est celle de l'individu et de son environnement immédiat. Ce n'est pas le lieu de la démocratie ou de l'égalité, comme le constate Hannah Arendt dans son livre *Condition de l'homme moderne*. En revanche, c'est le lieu de la conscience, dans les deux sens du terme. Conscience de ce que nous sommes, de ce que sont les autres, conscience du monde qui nous entoure. C'est dans la sphère privée que réside la capacité à distinguer, à différencier, à *prendre conscience*. La sphère privée abrite aussi la conscience morale. Conscience de ce que chacun doit à lui-même, ce qu'il doit aux autres, ce qu'il doit au monde qui l'entoure. C'est dans la sphère privée que réside la capacité à juger et agir *selon sa conscience*.

La sphère publique est celle des institutions qui, à notre époque, se doivent d'accorder des droits égaux à tous leurs citoyens. Toutefois, une prédominance de la sphère publique mène à l'uniformisation et à la dictature. La dictature devient totalitaire quand la sphère publique nie l'existence même de la sphère privée. A l'inverse, quand la sphère privée se veut prédominante, la société est une jungle. L'homme devient un loup pour l'homme.

La troisième sphère que je propose, inspirée de Tönnies, est la sphère communautaire. C'est ici, et non dans la sphère privée ou dans la sphère publique, qu'il faut placer les cultures, les religions, et bien d'autres ressorts du comportement humain. La sphère communautaire permet d'introduire l'équilibre et l'hétérogénéité ; l'équilibre <u>par</u> l'hétérogénéité. La pluralité culturelle, que la laïcité rejette à tort dans la sphère privée alors qu'elle fonde des communautés, rééquilibre les rapports sociaux. La sphère communautaire fait de l'obéissance aux institutions publiques un conformisme utile, non un impératif. Elle introduit d'autre part la tolérance dans la sphère privée. Bref, elle permet de relativiser les deux autres sphères.

À chaque sphère correspond un angle de vision. Aux lois, qui gouvernent la sphère publique, correspond l'écoute dans la sphère privée, et la coutume dans la sphère communautaire. A la raison, qui guide la sphère publique, correspond le sentiment dans la sphère privée, la culture dans la sphère communautaire. **Au civisme, qui anoblit la sphère publique, correspond la conscience dans la sphère privée, les solidarités dans la sphère communautaire.**

La triple sphère permet d'éclaircir bien des débats. Prenons l'exemple de l'immigration. Dans la sphère publique, elle est abordée sous forme de chiffres, de conséquences politiques et économiques, de raison d'État. Dans la sphère privée, elle est abordée par le sentiment : sentiment d'insécurité des uns, conscience des devoirs de secours pour les autres. La sphère communautaire s'interroge sur la confrontation entre les appartenances dans un même lieu, ou au contraire sur leurs synergies.

Les éléments les plus importants de la vie en collectivité se situent à l'intersection des trois sphères.

L'éducation est revendiquée à la fois par les parents, par l'État et par les communautés. Le père et la mère doivent protection et éducation à leurs enfants. Leur enlever ce droit, au nom d'une institution ou d'une utopie sociale est marqueur de dictature. Toutefois, l'État possède les moyens d'instruire les enfants. Il leur enseigne aussi ses droits et ses devoirs envers la société. Il est donc logique qu'il intervienne dans l'éducation. Les communautés, religieuses, culturelles, linguistiques, sociales, auxquelles l'enfant appartient, lui insufflent des comportements, une éthique, une raison de vivre. La communauté offre à l'enfant les vraies raisons d'acquérir une éducation.

Le travail et le capital, relégués par la laïcité traditionnelle dans la sphère privée, sont des éléments centraux de la vie en société. Le travail permet de subvenir aux besoins d'un individu ou d'une famille. La sphère publique se donne un droit de contrôle par la législation du travail. Le capital peut être un patrimoine personnel. Il peut être productif, s'investir dans des entreprises et créer des richesses. La sphère publique pilote le capital privé par la législation fiscale.

Tous ceux qui, comme moi, travaillent dans des petites entreprises, savent qu'elles fonctionnent par cooptation réciproque. Le salarié postule, l'entreprise embauche. Le client achète ou n'achète pas. Le travail obligatoire est la négation d'une liberté fondamentale. Un travail semblable pour tous est inimaginable. L'entreprise fait partie à la fois du domaine public et du domaine privé. Mais elle est d'abord une communauté, une tribu, surtout dans le cas des entreprises artisanales. La sphère communautaire donne un sens et une valeur, à la fois au travail et au capital. L'initiative appartient le plus souvent à la sphère privée, celle du patron. L'acceptation, le tri des initiatives se fait selon des valeurs communautaires, celles de l'entreprise. Les règles du jeu, de la production à la consommation et à la gestion des déchets, sont du ressort de la sphère publique.

Parlons écologie. La préservation des espaces naturels et des ressources appartient aux trois sphères. Le souci écologique dans la gestion du patrimoine personnel appartient à la sphère privée. Les mesures contre les changements climatiques dépendent de décisions prises dans la sphère publique. La protection d'un écosystème particulier dépend, concrètement, des structures associatives qui prennent cet écosystème en responsabilité.

Il est piquant, et souvent désolant, d'assister à des débats sur ces questions, et sur bien d'autres, où les trois points de vue, privé, public et communautaire, s'affrontent inutilement. La séparation des sphères et l'incompréhension de la triade aboutit à des anathèmes, à des étiquetages grossiers de *l'adversaire* et à des postures médiatiques. Le point de vue privé, centré sur la conscience, accuse les deux autres de malhonnêteté. Le point de vue public, porté par la préoccupation sociale, accuse les deux autres de repli. Le point de vue communautaire accuse les deux autres d'oublier les solidarités naturelles.

Penser la collectivité est un exercice qui s'obscurcit dès que l'on croit que le point de vue que l'on adopte est *objectif*.

ILLUSTRATIONS SPHÉRIQUES

1 – Le public et le privé (conception laïque)

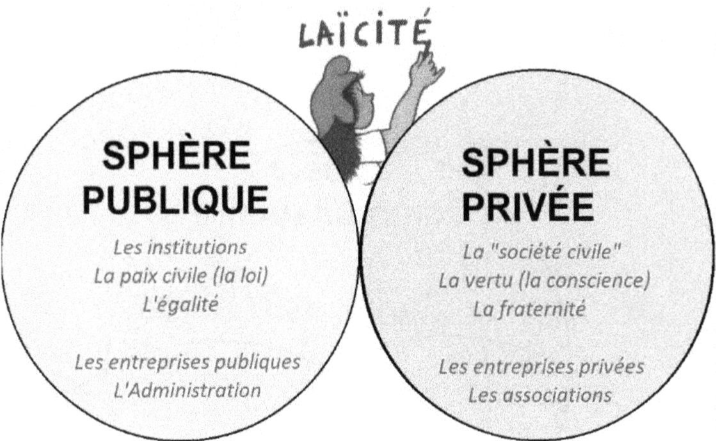

2 – Sociétés et communautés (selon Tönnies)

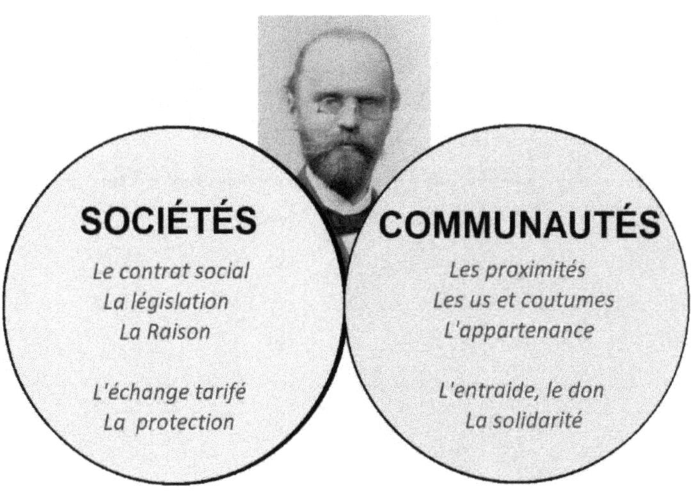

3 - Et si nous raisonnions en triades celtiques ?

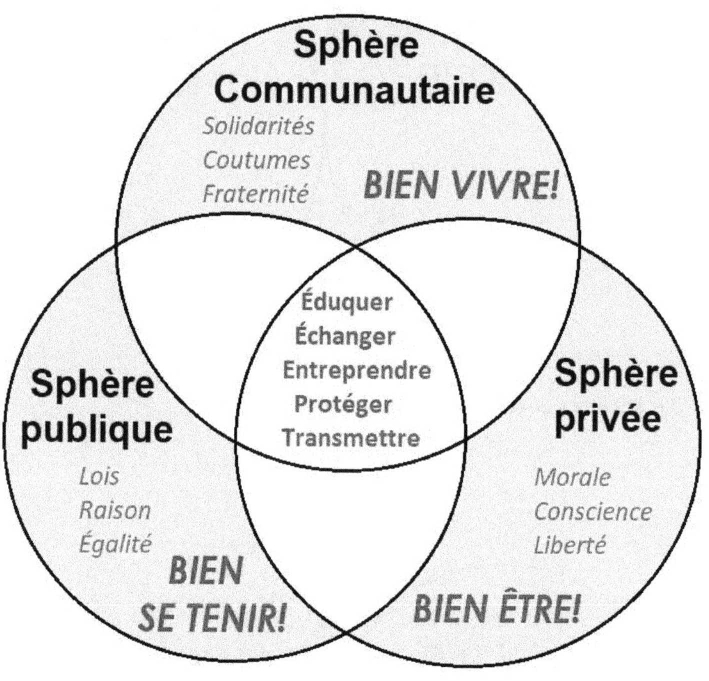

DU COMMUNISME AU COMMUNAUTARISME

En cinquante ans, je suis passé de la révolution libertaire des années 70 à la révolution numérique. Certes, ce sont les masses qui font les révolutions. J'y ai participé, tout en conservant mon identité communautaire bretonne et un comportement d'artisan d'art. Cinquante ans, c'est le même intervalle de temps que celui qui sépare, en France, la Révolution de 1789 et les débuts de la révolution industrielle. Curieux cycles, à 180 ans de distance, passant d'une révolution politique à une révolution économique et sociale...

La révolution industrielle avait suscité le communisme. La révolution numérique s'organise en communautés. Le logiciel libre est issu de communautés de développeurs. Le commerce en ligne engendre des communautés de consommateurs. Les réseaux sociaux suscitent des communautés variées. Sous les mots, quelle est la réalité ?

Jusqu'au XIXe siècle, la ville était le lieu des échanges de marchandises et, par là même, des échanges culturels. En revanche, la production se faisait essentiellement dans les campagnes, et pas seulement la production agricole. Les tissages et les ateliers métallurgiques s'éparpillaient sur le territoire.

La révolution industrielle a cassé cet équilibre traditionnel. La production de marchandises s'est concentrée, provoquant une concentration des populations. En un siècle, le nombre de villes de plus de 100 000 habitants est passé de 2 à 50 en Grande-Bretagne, de 2 à 47 en Allemagne, de 3 à 15 en France. La révolution industrielle a accentué l'hégémonie de la ville. Lieu du commerce, des échanges culturels, du pouvoir politique, elle est devenue aussi le lieu de la production matérielle.

Jusqu'au XIXe siècle, la productivité était faible. Le peuple, pour éviter la misère, se devait d'être frugal et parcimonieux. La révolution industrielle a initié la production de masse. Productivité multipliée. Production centralisée. Elle a modifié les relations humaines, les cultures et les modes de vie. Le communisme a été une réaction socio-politique à cette transformation. Il n'a pas remis en cause le machinisme, ni la mutation industrielle, ni l'État-nation.

Il a identifié et exploité les nouvelles divisions sociales pour en faire un levier révolutionnaire, planté dans la nouvelle réalité. Les communistes ont montré que la plus-value créée par la production industrielle massive ne profitait qu'à une classe de capitalistes.

La société du savoir qui succède à la société industrielle voit émerger de nouvelles classes dirigeantes. Le XIXe siècle a été le siècle d'or du capitaliste industriel. Au XXe siècle, il a cédé la place au capitaliste financier. Au XXIe siècle, celui qui détient un capital de savoir a des prétentions politiques. Le savoir c'est le pouvoir ! Les passions se déchaînent entre les possesseurs de savoirs -réels ou imaginaires- : technocrates, leaders populistes, hommes de médias, nouveaux philosophes, scientifiques ambitieux, créateurs de start-ups.

Le communisme avait accompagné la révolution industrielle et la production de masse. Le communautarisme accompagne la révolution numérique et le savoir de masse. Il ne s'oppose pas aux nouvelles technologies, loin s'en faut. Il répond à leurs dévoiements par la constitution de tribus électives. Les communautés défient la propriété intellectuelle comme les communistes s'attaquaient à la propriété industrielle. Des communautés d'informaticiens créent et diffusent des logiciels libres. Des communautés de malades contestent les brevets des laboratoires pharmaceutiques ; bientôt, elles fabriqueront des médicaments génériques. Des communautés éphémères de touristes lancent des appels d'offres auprès des voyagistes. Les adolescents se moquent de la propriété intellectuelle des artistes de variétés. La richesse se dématérialise.

La notion d'ami et d'ennemi se déplace d'autant. Les armes utilisées par les francs-tireurs de la révolution numérique ne sont pas les mêmes que celles qu'utilisaient les avant-gardes ouvrières de la révolution industrielle. Les pouvoirs, industriel, financier, intellectuel, ne se conquièrent pas par les mêmes individus, ni de la même façon.

La tyrannie des organisations administratives et industrielles est contestée, détournée, parfois ridiculisée. La révolution numérique affaiblit les anciennes pyramides. La production et l'échange, activités de base de la société, se moquent désormais des frontières politiques ou administratives. La légitimité étatique se perd lorsqu'il est possible de choisir entre diverses législations. La légitimité se perd aussi parce que ceux qui décident ne représentent plus ceux qui subissent.

Le communisme a été élaboré par les communistes eux-mêmes. Le communautarisme n'est qu'un mot qui, en France, a d'abord été utilisé par ses adversaires. Il perd progressivement sa connotation négative. Il recouvre des réalités différentes, qui sont autant de pôles de rassemblements, bien plus attirants que le nivellement et que l'individualisme.

Chaque communautariste dit « Je suis... ».

Le « donc... » se disperse dans les singularités.

DU SOCIAL AU SOCIÉTAL

La pulsion communautaire est passée du communisme au communautarisme. Parallèlement le *sociétal* tend à remplacer le *social*. Qu'est-ce que cela signifie ?

L'apparition du terme *sociétal* est révélatrice d'une extension du social. L'égalité et la justice avaient une dimension matérielle. La grande question était celle de la propriété, en particulier la propriété des outils de production. En passant de la société industrielle à la société du savoir, nous sommes passés d'un rêve, le nivellement des conditions matérielles, à un cauchemar, le nivellement des comportements et même des pensées. Le sentencieux *citoyen* s'accroche à un rêve qu'il croit égalitaire, mais qui n'est en réalité qu'uniformisant. Le social demandait à la sphère publique de garantir l'égalité des individus et la justice de leurs transactions. Il avait refoulé l'entraide, l'ardeur du bénévole, le chatoiement des croyances, la diversité des cultures, bref le communautaire, dans une poubelle nommée *sphère privée*. Le sociétal va plus loin. Il veut recycler les déchets de sa poubelle. L'entraide entre proches, l'ardeur du bénévole, les solidarités spontanées, tout cela est récupéré et mesuré au « juste » prix. Les associations privées peuvent être reconnues d'utilité publique. La charité, vertu communautaire, était en conflit avec la justice, vertu sociale. Elle est désormais sujette à déclaration et contrôlée par l'administration fiscale. Des normes nouvelles apparaissent. Celles qui s'accumulent sur les associations sont symptomatiques de l'intrusion du social dans le communautaire. Les CVN, *contributions volontaires en nature,* transforment le don de soi en un échange tarifé, reconnu et contrôlé par l'administration fiscale.

L'union entre deux êtres humains est une affaire à la fois privée, sociale et communautaire. L'amoureux désormais se soumet aux règles sociales de la juste transaction. Il devient calculateur pour ne pas être accusé de se soumettre à de vilaines traditions suspectes d'asymétrie. Le mariage devient un contrat entre individus indifférenciés. L'intérêt personnel, ou plus prosaïquement fiscal, balaye les dimensions communautaires, spirituelles, sentimentales, reproductrices. La famille s'est socialisée. L'enfant-roi est en réalité l'enfant-citoyen. Le statut du père, de la mère, celui des enfants, sont nivelés. Le féminisme se justifie pleinement dans la sphère publique. Dans la sphère de la communauté familiale, il fait évoluer les rapports personnalisés de don et d'entraide vers des rapports marchands équilibrés.

Ceux qui exercent des activités qui chevauchent l'entraide et le social, pompiers volontaires, maires et conseillers municipaux de petites communes, secouristes, cadres d'associations locales, sont orientés vers l'échange tarifé. L'enthousiasme et le dévouement se négocient. Les vertus communautaires se transforment en marchandises, sous couvert de juste rémunération. C'est là aussi que s'inventent les rebelles orgueilleux des causes communautaires.

Le sociétal tue les réflexes communautaires, qui vont du geste amical au sacrifice. Il se veut le dépositaire de l'égalité et de la justice ; le don, la solidarité, l'attachement aux traditions, les croyances, les cultures minoritaires, les échanges inégaux lui posent problème. Cette évolution peut être vécue comme un abandon. Thomas Franck[29] explique le basculement du vote ouvrier vers la droite aux USA par la disparition de l'ancienne gauche, morale et ouvrière, pour tout dire communautaire, au profit d'une gauche sociétale et technocratique. Les valeurs de cette nouvelle gauche sont l'égalité dans la compétition, le mérite, l'innovation technologique et la libération des mœurs. Dans ses grandes lignes, cette analyse américaine correspond aussi à ce que nous pouvons constater en France.

Alors, sociétalisme d'un côté, communautarisme de l'autre ? Ces néologismes sont franchement obscurs. Personne ne les défend ni ne les revendiquent, ce qui rend l'argumentation futile et trompeuse quand elle utilise ces vocables. Indiscrimination contre discrimination ? une telle opposition serait caricaturale. L'excès de discrimination, comme l'excès d'indiscrimination, mènent chacun à une triste vie collective. Que faire ? Nous sommes en France. Utilisons l'expression *valeurs républicaines* plutôt que le terme sociétalisme. Et plutôt que le terme communautarisme, employons l'expression *aspirations communautaires*.

Pourquoi *valeurs républicaines* ? La République française que nous connaissons s'est construite sur une ambition sociale et l'a répandue à travers le monde. Cette ambition a été, dès le départ, en conflit avec les traditions et les aspirations communautaires. Les valeurs républicaines françaises peuvent être qualifiées de sociétales. Ce ne sont pas des valeurs nationalistes. En France, la nation est une abstraction, alors que la République est un corps politique concret. Robespierre a très bien résumé cette situation : *« Tous les hommes nés et domiciliés en France sont membres de la société politique, qu'on appelle la nation française »* (Discours novembre 1790). Contrairement à bien d'autres pays, la nation se définit en France comme une société, non pas comme une communauté.

Pourquoi *aspirations communautaires* ? Parce que nous ne sommes pas dans un cadre normatif, législatif, raisonnable. Les aspirations sont de l'ordre du sentiment, de la sensation, de la subjectivité. Le « ...isme » du mot « communautarisme » est en réalité malvenu ; nous n'avons pas affaire à une idéologie, ni même à une conviction. Nous continuerons néanmoins à utiliser de temps en temps le terme *communautarisme*, par ironie et par provocation.

Les communautés, surtout en France, sont contraintes par un cadre légal. Les aspirations communautaires doivent être compatible avec les valeurs républicaines. Nous les voyons s'agiter. Elles s'interpénètrent, elles se superposent : religions, nations autochtones, entreprises coopératives, organisations non gouvernementales, réseaux virtuels, réseaux physiques, réseaux hybrides.

Rude tâche, pour la République, de normaliser tout cela. Transformer les diverses mémoires en une histoire officielle unique, consensuelle, incontestable. Gommer des langues vernaculaires inscrites dans les noms de lieux et les noms de personnes. Transformer des solidarités inexplicables en *démarches citoyennes*. Orienter la poésie des croyances vers les mornes certitudes du progrès...

Septième chapitre

L'IDENTITÉ SOUS CONTRÔLE

Ce chapitre observe l'actuel contrôle social sur le communautaire. La France, championne du social, est un cas d'école. À quoi ressemblerait l'humanité si l'idéal français réussissait à conquérir le monde ?

LA FRANCE, CHAMPIONNE DU SOCIAL

Pendant la nuit du 4 août 1789, la société française a triomphé des communautés provinciales et féodales. Victoire de la raison sur le sentiment d'appartenance, victoire du contrat social sur les proximités, victoire de la législation sur les coutumes.

Au départ, quelques députés de l'Assemblée Constituante proposent de supprimer les droits seigneuriaux. Puis, dans une surenchère extraordinaire, d'autres enchaînent avec les droits ecclésiastiques, les droits de chasse, les pensions militaires. Les droits des provinces sont à leur tour sacrifiés, ainsi que les droits particuliers des villes. Les droits des corporations professionnelles sont supprimés. Une utopie égalitaire et un sentiment de toute puissance parcourent les discours. Égalité devant la loi, devant l'impôt, devant les tribunaux. Les nobles et le clergé ne sont pas en reste pour renoncer à leurs privilèges, ce qui donne une tonalité très particulière à cette séance de la nouvelle assemblée. Les députés bretons votent la fin des libertés provinciales. Les artisans votent l'abolition de leurs règles de fonctionnement. En cette nuit du 4 août, l'idéal social balaye tout sur son passage. Tous sont devenus français, seulement français, fièrement français. L'identité sociale a supplanté la diversité des identités communautaires.

L'euphorie qui avait saisi les députés de l'Assemblée Constituante ne se diffuse pas à toute la population. Il faut convaincre par la raison, contraindre par la loi et, si nécessaire, imposer par la force. Mais ce n'est pas si simple. La raison se heurte aux sentiments d'appartenance. La loi se heurte aux coutumes. La force se heurte à des résistances. La société française est née symboliquement le 4 août 1789. Elle est née de l'abolition des communautés, ou plutôt du refus de leur accorder un statut. Refus de la sphère communautaire.

Quinze ans plus tard, les convictions du 4 août se fixe juridiquement dans le *Code civil des Français*, appelé aussi *Code civil* ou *Code Napoléon*. L'idéal social se propage à l'étranger pendant le XIXe siècle, porté par les guerres de conquête et par la colonisation. Refoulé par la défaite de 1870, il s'exaspère dans ses nouvelles limites. Moins de cinquante ans plus tard, la France est le grand vainqueur du conflit mondial de 1914-1918. Elle réorganise l'Europe en fonction de ses rancunes et de ses intérêts stratégiques. Le *« droit des peuples à disposer d'eux-mêmes »,* cher au président américain Wilson, est ridiculisé. La France absorbe l'Alsace, la Moselle, la Sarre. Pour contrôler l'Allemagne, au sud et à l'est sont créés de nouveaux États, gonflés territorialement. Les vainqueurs leur donnent pour mission d'absorber ou de déporter les minorités allemandes, autrichiennes et hongroises. Ainsi sont créées la Grande Roumanie, la Tchécoslovaquie, la Grande Pologne, la Yougoslavie. Les anciens empires centraux sont démantelés et réduits à leur noyau communautaire. Ils donnent ainsi naissance à de vrais États nationaux : Allemagne, Hongrie, Autriche. Pour les autres États, le modèle français s'impose, celui de la république, non pas unifiée, mais unificatrice. Les minorités doivent y être assimilées ou poussées à l'exil, de gré ou de force.

La légende du 4 août 1789 a modelé la France ainsi que l'Europe ; et aussi, par son empire colonial, une partie du monde extra-européen.

EN ROUTE VERS L'ÉGALITÉ

« La pire des inégalités surgit quand on veut rendre égal ce qui ne l'est pas » (Aristote)

L'égalité a été portée au pinacle par la Révolution française. C'est une *valeur*, à la fois vénérable et inadaptée, comme les recommandations aux enfants d'autrefois, écrites bellement dans les vieux livres de morale. Elle correspond aux derniers feux d'une société fermée, où tout le monde vit sous la même ombre, celle d'un roi, d'un dieu, d'une loi. L'utopie égalitaire a besoin d'isolement. Voltaire, dans ses *Lettres philosophiques*, s'est extasié sur la sagesse des Shoguns qui avaient isolé le Japon du reste du monde à partir de 1635.

Lorsqu'elle s'ouvre, l'utopie égalitaire devient agressive. Elle bascule vers un idéal de dépossession – la dépossession des autres évidemment -. Ce qu'elle perd en isolement, l'utopie égalitaire le compense en nivellement. Cet idéal trouve son origine, non pas vraiment dans Robespierre et les Jacobins, mais dans les Hébertistes de 1789-1794 : antireligieux, anti-provinciaux, cocardiers. Il passe par les blanquistes au XIXème siècle. Il traverse le Parti Communiste Français au XXème siècle. Les Sans-culottes voulaient déposséder les *accapareurs*. Les blanquistes en voulaient aux Juifs, le Parti Communiste aux *200 familles*. L'idéal de dépossession s'exprime aujourd'hui de différentes manières, que l'on dit *populistes*. La dépossession rend les hommes dociles par l'appauvrissement matériel, spirituel et culturel. Les poules aux œufs d'or sont suspectes. Leur identité est douteuse... La révolution les promet, ni à la production, ni à la reproduction. À l'abattoir !

Le nivellement a besoin d'un outil d'expropriation. C'est idéalement la volonté populaire. Ce mythe est systématiquement mis en avant en France. Plus concrètement, en période de paix, les outils d'expropriation sont les pouvoirs publics, exécutif, législatif et judiciaire. Et encore, pour que cela fonctionne, il faut que les dépossédés potentiels soient emprisonnés dans les frontières de l'Hexagone. C'était vrai jusqu'au XXe siècle. Malheureusement pour les rejetons du Père Duchesne, les fortunes sont devenues nomades. Les entreprises traversent les frontières. Les devoirs fiscaux en sont relativisés. Pour les possessions immatérielles, c'est pareil. Les cultures minoritaires surfent sur l'internet. Elles se réfugient à l'étranger. Elles avancent masquées, en colorant le parler des jeunes générations.

Les poules aux œufs d'or sont devenues des oies sauvages. Les plus faciles à déposséder sont maintenant les rejetons du Père Duchesne eux-mêmes. La plupart des mouvements sociaux que la France enregistre sont les cris de détresse des classes populaires, qui vomissent les taxes imposées par l'État, mais qui mettent en même temps leurs espoirs dans le *Service Public*. La confusion est totale. Faut-il s'en réjouir ? Les cartes sont redistribuées. Je ne sais où cela nous mènera.

LA GÉNÉROSITÉ RÉVOLUTIONNAIRE

Poursuivons par une question à la fois rassurante et provocatrice. Être un citoyen français, pourquoi pas ? Pourquoi pas, si c'est pour participer à une aventure collective ? C'est sans doute ce que se sont dit beaucoup de Bretons en 1789, lors du grand frémissement révolutionnaire. La Bretagne était soumise à un statut particulier. Elle en avait connu bien des inconvénients, mais peu d'avantages. Alors, être Français, pourquoi pas ?

La grande idée d'une République une et indivisible n'était que le prélude au nivellement napoléonien. Celui-ci a fusionné les apports monarchiques et révolutionnaires. Il a fondé une culture politique particulière, que l'on nomme *républicaine*, sur une problématique de l'autorité et sur une mystique de la citoyenneté. Cette problématique et cette mystique sont un héritage des Lumières.

Finies les inégalités, finie l'incertitude, fini le désordre ! Il y a deux siècles, l'enthousiasme aidant, Condorcet affirmait que la Raison libérerait l'homme de l'empire du hasard. Il y a un siècle,

Max Weber exprimait la même idée, mais sans enthousiasme. Selon le sociologue allemand, la rationalisation sans limite fait évoluer les organisations humaines vers la bureaucratie.

Les révolutions s'attaquent à des privilèges. Celle de 1789 s'est attaquée aux privilèges aristocratiques. Ce n'était pas l'insurrection des pauvres contre les riches. Elle était menée par des bourgeois, qui savaient gérer l'argent, faire des affaires, entreprendre. Ils étaient souvent plus riches que les petits hobereaux et les paysans qu'ils menaient à la guillotine. Ces révolutionnaires-là se sentaient généreux. L'argent ne leur apparaissait pas comme un privilège ; à leurs yeux, avec de l'énergie et de la vertu, tout le monde pouvait y accéder.

Le moteur de la révolution à venir est le savoir. C'est le rêve de l'*open source* généralisé à tous les biens immatériels, en particulier les « data ». Pas plus qu'en 1789, la classe qui veut le pouvoir n'est celle des pauvres ou celle des exploités. Elle rassemble ceux qui sont conscients de posséder un savoir, et qui sont conscients de l'importance de leur savoir. Cette classe n'est pas satisfaite de la place qui lui est accordée dans la société. Elle se sent généreuse. Le savoir ne lui apparaît pas comme un privilège ; à ses yeux, tout le monde peut y accéder.

Comme les bourgeois de 1789, cette classe se surestime sans doute. Mais, désormais, elle exprime ses ambitions. Demain, elle dictera peut-être ses lois.

LE CASSE-TÊTE DE LA PLURALITÉ

« Il faut placer l'indigène en position de s'assimiler ou de disparaître » (Paul Bert)

Paul Bert, héros de la laïcité et de la République, résumait ainsi sa stratégie lorsqu'il devint résident-général du protectorat de l'Annam-Tonkin, l'actuel Vietnam, en 1886.

Après la guerre 39-45, on tenta de passer du concept d'*assimilation* au concept plus léger d'*intégration*. L'idée était que la citoyenneté établissait un lien suffisant, et que l'homogénéité culturelle ou raciale devenait secondaire, voire inutile. Face à la société, les communautés étaient négligeables. Ce projet d'unité, moins brutal, moins colonial, a été un échec dans une France imbue, par Paul Bert entre autres, de sa supériorité. Personne n'y a cru. Mais tout le monde a fait semblant d'y croire.

Concrètement, les colonies ont refusé l'intégration, de manière plus ou moins polie, plus ou moins violente. Les minorités nationales, à l'intérieur de l'Hexagone, n'y ont vu aucune opportunité nouvelle. L'intégration n'a fait rêver personne.

Alignement citoyen... Confusion entre égalité et similitude... Loi égale pour tous... Le nivellement structure l'intimité des Français, pas seulement leurs traditions administratives. En 2008, l'ONU constatait que l'intégration à la française était un mythe.

« À l'heure actuelle, les membres des minorités visibles partagent largement le sentiment que pour être pleinement acceptés, il ne leur suffit pas de devenir citoyens français et qu'il leur faut se prêter à une assimilation totale, ce qui les contraint à rejeter des éléments essentiels de leur identité. Ce n'est qu'en trouvant un moyen de changer de couleur de peau et en dissimulant la pratique de leur religion ou les traditions de leurs ancêtres qu'ils seront acceptés comme étant véritablement Français » (rapport Gay MacDougall)

La diversité reste néanmoins un sujet de discours très apprécié. Dans son rapport 2008 sur la diversité dans les médias, le CSA[30] en donne la description suivante :

« La méthode, validée par l'Observatoire, consiste à indexer, dans chaque émission, toutes les personnes et tous les personnages qui apparaissent à l'écran et qui s'expriment, quelle que soit la durée de cette apparition.

Cette indexation des personnes se fait sur la base de trois marqueurs sociaux apparents :

- Les professions et catégories socioprofessionnelles (CSP) de l'INSEE ;

- Le genre masculin ou féminin ;

- Les marqueurs d'ethno-racialisation.

C'est sur cette base relative à la perception de la diversité qu'ont été indexés les personnes et personnages apparaissant à l'écran. Les individus décomptés sont ainsi « vus comme noirs », « vus comme arabes », « vus comme asiatiques », « vus comme blancs ». Dans la mesure où l'étude vise à mesurer le ressenti du téléspectateur par rapport à la représentation de la diversité, cette approche, qui se différencie d'un recensement sur la base de catégories définies, n'a pas suscité de polémique. »

Je préconise une autre approche.

Les diversités les plus fécondes ne sont pas les « minorités visibles ». Ce ne sont pas celles qui se voient, mais celles qui se partagent. Le fait que je sois de genre masculin et que ma peau soit blanche n'apporte pas grand-chose à mon interlocuteur. Un Togolais ou un Vietnamien n'apportent pas une couleur de peau. Ils apportent une vision du monde, une perception, une culture, une langue. Le rejet de la vraie diversité est accentué par la laïcité, qui la refoule dans la sphère privée. Le défi est désormais porté par les musulmans. Ils inscrivent leur diversité dans d'innombrables domaines : la croyance, mais aussi les jours fériés, le vêtement, la nourriture, les langues, sans compter les *marqueurs ethno-raciaux*, comme le dit le CSA. Leur diversité n'entend pas se cantonner à la sphère privée.

Curieuse tradition culturelle française, furieusement antiraciste, mais qui ne voit dans la diversité que des différences extérieures. Seuls des individus sans lien et sans culture peuvent *vivre ensemble* en France. Déjà Ernest Renan disait que le citoyen français est *« cet être abstrait, né orphelin, resté célibataire et mort sans enfant ».*

Un être tristement et uniquement social.

LA FIN D'UN MODÈLE

« L'État a rendu les peuples superflus »
(Friedrich Sieburg)

Pour supprimer les disparités, supprimons les diversités ! Albert Regnard (1832-1903), communard rallié à Gambetta, l'a exprimé sans ambiguïté à propos du découpage administratif de la France. *« Le département, qu'on le remarque bien, est une unité toute factice, abstraite en quelque sorte et ne répondant pas à une réalité objective ; c'est pour cela même que la Révolution l'a substitué aux provinces, subdivisions très réelles au contraire, obstacles insurmontables en ce sens à la constitution d'un pouvoir central, à l'établissement de la République une et indivisible ».*

Advienne le règne de la Raison, de la raison d'État… L'alternative à la raison étatique, sociale, serait-elle la déraison communautaire ? Il est vrai que d'étranges contestataires déraisonnables se dressent « contre ». Émeutiers sans revendication, hackers de l'internet, saboteurs économiques, femmes voilées, nationalistes minuscules, Bonnets rouges, Gilets jaunes, objecteurs de toutes sortes.

L'État s'est arrogé le monopole de l'ordre et de la raison. Il se dit *de droit*, à moins que ce soit le droit qui se mette en *état* de promulguer l'ordre et la Raison. Chez les jeunes gens déresponsabilisés comme chez les peuples superflus, le désir de penser et d'agir librement se confond avec la transgression. Les individus mondialisés sont emportés par le temps qui passe ; nous glissons vers le néant comme sur un pan incliné. Nous rêvons d'un grain de sable qui aurait atterri sur cette surface trop lisse et trop propre. Nous formons le rêve que ce grain, représentation de notre identité, parvienne à arrêter le cours du *temps* et à le cristalliser en ce qui s'appelle une *durée*.

En nous transformant en citoyens, l'État-nation nous offre une identité standardisée. Ce n'est pas le grain de sable attendu. Il s'en exhale un impératif d'hygiène publique et d'intérêt supérieur. Citoyen ? Nous avons vécu l'expérience déprimante de l'alignement devant une urne électorale ou une caisse de supermarché. Nous y avons compris que nous ne serons, dans quelques secondes, qu'un point à l'horizon, parmi des millions d'autres points. La société moderne a industrialisé tout à la fois la marchandise et l'administration publique. Le consommateur est une composante de l'industrie marchande. Le citoyen est l'unité de calcul de l'industrie politico-administrative.

Ce modèle est-il le seul possible ?

La Constitution du Vietnam, qui date de 1992, est très proche de la Constitution française. Et pourtant, contrairement aux Français, les Vietnamiens accordent un droit identitaire aux ethnies. Dans son article 5, leur constitution proclame : « *Toute ethnie a droit à l'usage de sa propre langue et écriture, à la préservation de son identité, à la valorisation de ses belles mœurs et traditions culturelles* ».

Ce progrès par rapport à la Constitution française est sans doute à rechercher dans l'influence chinoise. L'article 4 de la Constitution chinoise est ainsi rédigé : *« Toutes les ethnies de République populaire de Chine sont égales. L'État protège les droits et intérêts légitimes de toutes les ethnies, maintient et développe des relations inter-ethniques fondées sur l'égalité, la solidarité et l'entraide »*.

La Constitution russe va plus loin. Elle passe du droit des minorités au droit à l'identité. Elle commence par ces mots : *« Nous, peuple multinational de la Fédération de Russie… »*. Son article 26 exprime à la fois le droit à l'identité, et le droit au refus d'une identité imposée. Il est remarquable de clarté. *« Chacun a droit de déterminer et d'indiquer son appartenance nationale. Nul ne peut être contraint de déterminer et d'indiquer son appartenance nationale »*. Nos voisins russes nous font rêver d'un droit de regard sur notre carte d'identité française ou sur notre passeport européen…

La Constitution bolivienne, votée en 2008, approuvée par les Boliviens lors du référendum de janvier 2009 et promulguée le 7 février, est, elle aussi, exemplaire. On y trouve les nouveaux droits de l'homme : le droit à l'identité, les droits des minorités, ainsi que les droits écologiques. Son article premier est sans ambiguïté : *« Article 1. La Bolivie se constitue en un État unitaire social de droit plurinational communautaire, libre, indépendant, souverain, démocratique, pluriculturel, décentralisé et formé de régions autonomes. La Bolivie s'appuie sur la pluralité et le pluralisme politique, économique, juridique, culturel et linguistique, dans le processus d'intégration du pays ».* L'article 21 définit les droits civils des Boliviens. Le premier de ces droits est celui de définir soi-même son identité : la *autoidentificación cultural*.

Ces Constitutions, ne sont, certes, que des promesses. Mais la législation républicaine française ne promet, elle, que le déni des différences. *« La république ne reconnaît aucun culte »* nous dit la loi de 1905. Elle ne reconnaît pas non plus les minorités nationales. Elle ne veut plus entendre parler de *« race »*. En fait, elle ne reconnaît rien ; rien d'autre qu'elle-même.

L'identité, une affaire d'État ? Elle l'est en France, jusqu'à présent. Humain, Européen, Français, Breton... Non ! D'abord français, français et rien d'autre ! Et si être français était un handicap pour être aussi breton, européen, humain ? L'identité est un enjeu du futur, un enjeu trop important pour le laisser aux seules administrations publiques.

DYSTOPIE N°1. RÉCIT DE SOCIAL-FICTION

Ô République universelle,
Tu n'es encor que l'étincelle,
Demain tu seras le soleil ! (Victor Hugo)

Pour clore ce chapitre, imaginons la victoire de l'idéal de Victor Hugo : La République universelle telle que les républicains français l'ont conçue. Salut et fraternité à l'humanité ! Tous citoyens du monde !

Très bien, très bien... Émouvant, généreux, tout ce que vous voulez... Mais concrètement... Comment fonctionnera la société humaine lorsque les généreuses valeurs de la République deviendront, pour de vrai, des valeurs universelles ? Imaginons une identité sociale à l'échelle humaine, sur le modèle français.

En prolongeant les courants actuels de la démographie et de la mondialisation économique, on peut prévoir que la capitale de la République universelle sera du côté de Pékin.

Et alors ? Eh bien, allons-y ! En route vers le futur !

L'article 2 de la Constitution française s'énonçait ainsi : *« La langue de la République est le français ».* L'article 2 que la Constitution de la république universelle gravera dans le marbre est, logiquement : *« La langue de la République universelle est le Chinois ».*

Dans un souci d'égalité et de participation des citoyens à la démocratie universelle, tous les enfants du monde apprennent le chinois. Le Français est considéré comme une langue régionale, dont l'usage est vaguement toléré. Néanmoins, les militants de la laïcité universelle, dont le siège est à Pékin, ne sont pas satisfaits de cette entorse à l'unité républicaine. Ils récusent la présence de la langue française dans la sphère publique. Ils sont contre les écoles immersives en français.

Lorsque la république universelle a été proclamée, un des héros révolutionnaires s'est écrié à la tribune de l'assemblée : *« La haine de la République parle allemand ; la contre-révolution parle l'italien, le fanatisme parle basque, le narcissisme parle français. Cassons ces instruments de dommage et d'erreur ! »*[31]. La salle a applaudi avec enthousiasme.

Les programmes scolaires sont standardisés, que l'on soit à Brest ou à Strasbourg, mais maintenant aussi à Pékin, à Moscou ou à New York. C'est normal : il faut que tous les petits humains soient élevés dans les mêmes valeurs humanistes. Certes, l'histoire doit tenir compte des événements d'avant la proclamation de la république universelle. Elle enseigne donc les dynasties chinoises de l'ancien régime, sur le modèle des programmes scolaires français d'avant la révolution universelle.

Les Français ont demandé une loi mémorielle pour que la Révolution de 1789 soit considérée comme un bienfait pour l'humanité. Les historiens officiels se sont penchés avec bienveillance sur ces événements, dont une peuplade autochtone se vante. Ils ont veillé cependant à ce que ces mémoires particulières, trop subjectives, ne perturbent pas les programmes scolaires mondiaux, facteurs d'unité.

La découverte de la nature est standardisée. Le problème est que les goëlands qu'observent les petits enfants du bord de mer ne ressemblent pas aux rapaces qui fascinent les petits montagnards. On leur apprend donc à reconnaître les animaux de zoo et ceux qui sont en voie de disparition. Ceux-là seuls ont une valeur planétaire. La République a pris exemple sur les programmes scolaires français des années 2020. Le professeur ne manque jamais de se dire proche de la nature. Toutefois, il n'apprend pas à ses élèves les noms des plantes ou des animaux qu'ils voient tous les jours. Ces plantes et ces animaux ne sont pas assez universels.

Plus de la moitié du budget du Ministère de la culture est dépensé dans la ville-lumière, Pékin. Il est de bon ton, quand on est un provincial fortuné, de passer un week-end dans la capitale et d'assister à un spectacle de l'opéra de Pékin. Sur les chaînes de télévision publique, les émissions sont évidemment en chinois. Le journal télévisé de 20 heures décrit par le détail les bouchons sur le périphérique de Pékin et les manifestations bouddhistes place Tiananmen.

La langue française bénéficie de quelques minutes d'antenne par semaine lors de décrochages régionaux.

En passant du statut d'État au statut de région, le budget de la France a été divisé par dix. Il n'a pas à assumer les salaires versés aux fonctionnaires de l'Éducation, à ceux des Impôts, à ceux des Ponts et Chaussées, à ceux de la Police. Toutes ces personnes font partie du Service Public universel. Elles dépendent directement de Pékin.

Les infrastructures mondiales de transports, comme les routes et les voies ferrées, sont décidées à Pékin par des experts compétents, soucieux de l'intérêt général.

Les centres de décision économiques se sont naturellement rapprochés des centres de décision politiques. Des efforts de décentralisation industrielle ont néanmoins été faits. Toutes les télévisions ont rapporté les promesses des dirigeants politiques. Ils disent avoir un plan pour éviter que l'Europe de l'ouest ne devienne un désert économique, seulement voué aux loisirs. Cette vocation touristique est cependant vue comme une évidence dans le monde entier. La Tour Eiffel est si jolie et les Français sont si pittoresques qu'il ne faut pas gâcher, par l'activité industrielle, une région qui est le paradis des vacanciers et des retraités.

Les Français prétendent qu'ils ne sont pas traités équitablement. Ils veulent se mettre à la tête d'un mouvement mondial pour la décentralisation. Ils veulent « Vivre, décider et travailler au pays ». Ils veulent « relocaliser les décisions ».

Ils ont du mal à convaincre leurs voisins. Les Bretons ne parlent plus le français, depuis que la langue officielle est le chinois. De plus, cinq anciens départements de l'Ouest de la France ont été rattachés à la nouvelle région appelée « Arc Atlantique », qui comprend aussi les îles britanniques et l'ouest de la péninsule ibérique. L'Alsace a été rattachée au land de Bade-Wurtemberg. La République universelle, dans sa sagesse, a pris la précaution de revoir les limites régionales. Les frontières administratives ont été redessinées afin qu'elles ne coïncident pas avec les frontières anciennes, qui symbolisaient l'ancien régime, avec son cortège de guerres et de replis identitaires.

À Pékin, le Ministre de l'intérieur a fait quelques remous en affirmant que les Français, de par leurs croyances, sont incapables de partager les valeurs de la République universelle. À la télévision, les humoristes se moquent de ces mangeurs de grenouilles, incapables d'apprécier un steak de chien.

Huitième chapitre

LES IDENTITÉS HORS CONTRÔLE

Au XXIe siècle, les identités s'exacerbent. Identités de sexe, de genre, de couleur de peau. Identités octroyées par un diplôme universitaire ou par le statut professionnel. Il se crée aussi des identités communautaires fortes, mais passagères, chez les supporters d'équipes de foot ou chez les fans de chanteurs à la mode.

Constatons que la plupart de ces identités n'ont pas vocation à marquer l'histoire humaine, ni à contester le contrôle étatique. Elles s'intègrent dans les sociétés et impriment éventuellement leur marque dans la législation : mariage homosexuel, lois contre le racisme, avantages statutaires, subventions publiques.

Ici, nous nous intéressons aux identités communautaires à dimension historique. Elles ne sont pas spécifiques de la modernité ou des modes actuelles. Ce sont les nations autochtones, les communautés culturelles ou linguistiques, les religions. Notre communauté de référence, la communauté bretonne, est tout à fait pertinente pour aborder la question de ces identités pérennes, qui se reproduisent hors du contrôle social.

IMMERGÉES DANS LE TEMPS QUI PASSE

Les communautés historiques évoluent dans un espace-temps qu'elles créent généralement elles-mêmes. Elles se relient à un passé qu'elles ont en mémoire, à un présent plus ou moins étendu et plus ou moins excitant, à un futur plus ou moins éloigné. Ainsi, la communauté chrétienne est reliée au passé moyen-oriental par la Bible et plus particulièrement par le Nouveau Testament. Les Dix Commandements, les enseignements du Christ et les nécessités plus terre-à-terre de l'Église, partout sur la planète, structurent son présent. Le Jugement dernier est la perspective d'un futur commun à toute l'humanité.

D'autres communautés n'ont pas cette amplitude temporelle et spatiale. Les clans se justifient par une origine commune, qui se limite parfois à un ancêtre mythique. Pour les communautés de statut professionnel, les bénéficiaires de régimes spéciaux par exemple, l'important est le présent et l'espace concerné est celui d'une législation. Pour d'autres communautés comme furent les caravanes des pionniers qui partaient vers l'Ouest américain au XIXe siècle, le passé ne compte pas, le présent est provisoire. Seul le rêve du futur crée la cohésion communautaire. Pour rendre compte de ces espace-temps différents, nous allons faire la différence entre les communautés d'origine, les communautés de pratiques et les communautés de devenir.

Les communautés d'origine

Il existe des communautés pérennes qui ne sont que des communautés d'origine. Ainsi en est-il des communautés de lignage. Quand elles débordent sur le présent, elles deviennent des clans. Le clan se maintient par l'endogamie, c'est-à-dire en limitant les relations sexuelles fertiles aux membres de la communauté. À vrai dire, cette limitation n'est en général possible que par l'isolement, et non par l'obéissance à une tradition ou à la volonté des chefs. Elle peut avoir une certaine consistance dans les territoires éloignés de tout ou dans les ghettos, ceux des très riches ou ceux des très pauvres. Les solidarités claniques existent dans les nouvelles aristocraties économiques, politiques ou scientifiques, dont les communautés de lignage sont très réelles, bien que discrètes.

Une communauté peut expliquer son origine par des raisons géographiques, ethniques, sociales, ou tout cela à la fois. Les Bretons ont pu se réclamer des Celtes par opposition aux Latins, puis par opposition aux Francs. Il est possible que des différences ethniques aient laissé des traces dans l'inconscient collectif et dans la culture. Mon analyse génomique sur le site américain *23andme* me crédite de 100% de gènes ouest-européen, dont environ 90% de gènes « British or Irish » et seulement 10% de gènes « French or German ». Il est vraisemblable que bien d'autres Bretons, compte tenu de l'histoire des migrations en Europe de l'ouest, soient dans le même cas. Aujourd'hui, de telles proximités génétiques n'ont aucune importance politique. Elles ont un intérêt sentimental et symbolique ; mais elles ne créent pas, à elles seules, une communauté bretonne.

En ce qui concerne la France, le constat est similaire. « Nos ancêtres les Gaulois » réfère à une communauté d'origine, mais l'histoire, la géographie, la langue, la culture surclassent très largement la pureté ethnique pour définir ce qu'est la France. Compte tenu du nomadisme des riches, des migrations des pauvres, des affectations professionnelles des classes moyennes, les caractères raciaux ne sont plus pertinents pour définir une communauté stable. Les très petites communautés ou les très petites sociétés peuvent encore y prétendre. Cela dit, l'avenir reste très ouvert ; entre le métissage généralisé et le retour des clans, tout est possible.

Autrefois, la proximité géographique était fondatrice de communautés. Aujourd'hui, ce n'est plus tant la proximité réelle que la revendication d'une origine géographique qui crée l'identité et le sentiment d'appartenance. Parmi tous mes ancêtres, ce sont mes ancêtres bretons que je choisis comme ancêtres symboliques. Ainsi peut raisonner un individu qui comme moi, est né à Plouigneau de parents bretons. Ainsi peut aussi raisonner le Canadien dont un grand-père a quitté la Bretagne il y a cinquante ans ou l'Australien qui porte fièrement le nom de Branellec. Le phénomène des diasporas n'est pas nouveau, mais il a pris une importance historique. La revendication d'origine est devenue cruciale dans la mesure où le lieu de naissance d'un enfant est hasardeux du fait des facilités de déplacement et des instabilités professionnelles des parents. *Être de quelque part* n'est plus *être né* quelque part. Être de quelque part est un choix délibéré, un attachement volontaire à un lieu symbolique. Ce *quelque part* doit néanmoins être défini. Il pouvait être très localisé, au temps où les mariages se faisaient dans un rayon inférieur à sept kilomètres. Aujourd'hui, il faut que la localisation *signifie* quelque chose, à la fois pour soi et pour les autres. La Bretagne a cette chance de signifier quelque chose. Ce quelque chose est de nature au moins géographique et historique. Celui qui revendique une origine bretonne ne se situe pas sur le même plan que celui qui se dit d'origine paysanne, et qui ainsi se définit seulement socialement ; ou celui qui se dit d'origine *insulaire*, et qui ainsi se définit seulement par un *topos*.

La communauté d'origine peut être ressentie ou enseignée. Elle peut aussi être suscitée de l'extérieur. Ainsi, le racisme crée une communauté en attribuant les mêmes défauts à tous ceux qui portent les mêmes traits anthropologiques, la couleur de peau par exemple. La haine ou le mépris des autres peut, non seulement créer, mais souder une communauté qui n'existait pas, ou n'avait pas conscience d'exister comme une unité humaine.

Les communautés de pratiques

Il peut exister des communautés fondées sur une pratique unique, comme les clubs de football ou les orchestres symphoniques. Mais les pratiques communautaires sont généralement plurielles, alliant pratiques économiques, culturelles, sociales.

Comme les communautés pérennes d'origine, les communautés pérennes de pratiques peuvent avoir une raison géographique. Une île oblige ses habitants à des pratiques collectives. Un port marchand dessert un arrière-pays et son activité est connue de tous, parfois depuis très longtemps. Les actes collectifs suscitent un esprit communautaire, et cela ne date pas d'hier. Au paléolithique est apparue la *horde*. À cette époque reculée, du moins avant l'utilisation du feu par l'Homo Erectus[32], le milieu impose sa marque à l'homme, et non le contraire. Les chasseurs-cueilleurs dépendent des ressources naturelles à l'instant présent ; ils ne se préoccupent ni du passé, ni du futur. Ils se rassemblent en familles plus ou moins élargies, plus ou moins ouvertes, et avancent dans des directions dont le choix échappe à l'homme d'aujourd'hui. Ils colonisent ainsi quasiment toute la planète.

À partir du paléolithique supérieur, les choses changent. L'homme expérimente la sédentarité. Le passé et le futur prennent de l'importance. La sédentarité fixe des populations qui, par dérive génétique, adaptations et mutations, se différencient. Les clans ainsi constitués coexistent avec les hordes nomades. La sédentarité inspire des pratiques particulières. C'est de cette époque que datent les fresques rupestres, les rites d'inhumation ou d'incinération, les débuts de la métallurgie. Les linguistes datent aussi de cette époque l'origine, ou plutôt les origines, des langues actuelles. Deux nouvelles formes communautaires sont en germe. Ce sont d'une part les communautés de territoire, de langue et de culture, que je nommerai *les communautés telluriques*. Ce sont d'autre part les communautés de croyances et de rites, que je nommerai *les communautés célestes.* Nous y reviendrons, mais continuons d'abord sur ce prototype des communautés de pratiques, ancrées dans le présent, que sont les hordes.

Depuis la fin de l'époque paléolithique, le monde a vu naître et renaître des hordes. Pendant la période historique, les hordes les plus connues sont au nombre de trois. Celle des Huns atteignit son apogée au Ve siècle avec Attila. La *Horde d'Or* de Gengis Khân traversa l'Asie au début du XIIIe siècle. Un siècle plus tard, la horde de Tamerlan ravagea la Perse, le Moyen-Orient et l'Inde.

De telles communautés d'action pure existent encore aujourd'hui dans les banlieues des grandes villes. Les bandes hétéroclites de loubards, avec leurs codes particuliers d'expression et de conduite, constituent des organisations particulières. Leur autonomie par rapport aux modes, aux usages, à la morale de la société environnante, ainsi que leur agressivité, non refoulée mais peu construite, font de ces groupes des embryons de hordes. Les communautés virtuelles d'Internet, en particulier les communautés de *trolls*, à la fois violents et anonymes, ont des comportements de hordes. Il est difficile de dire que ces groupes seront pérennes, mais cela est possible.

Les hordes sont les premières communautés de pratiques de dimension historique, c'est-à-dire les communautés ancrées dans un présent plus ou moins étendu. Aujourd'hui, les entreprises et les associations sont des communautés de pratiques. Il ne serait pas compréhensible de les assimiler à des hordes ; néanmoins, le moteur est le même. Ce moteur est, non pas la mémoire collective, comme dans les communautés d'origine, mais l'action collective.

D'autres communautés de pratiques existent. Selon Max Weber, la classe sociale n'est pas une communauté véritable lorsque sa définition se limite à des intérêts économiques communs. En revanche, les *groupes statutaires* sont de vraies communautés. Chaque groupe statutaire a ses propres habitudes de faire et de penser. Un groupe statutaire est un ensemble d'individus qui, outre le même statut professionnel, partage des droits et des devoirs particuliers, qui leur suggèrent une même conception de ce qu'est la légitimité, l'honneur, la dignité. Les groupes statutaires se définissent par un statut social, bien plus que par un statut économique. Les différences sociales sont bien plus déterminantes que les différences économiques ou que les différences idéologiques.

Les communautés de devenir

Les communautés de pratiques se mesurent en termes de victoires ou de défaites, d'échecs ou de réussites. Les communautés de devenir ne se mesurent pas de la même façon. Elles se mesurent en termes de trajectoires. La trajectoire peut être subie ou, au contraire, construite et voulue.

Les sociologues utilisent souvent le terme de *communauté de destin*. Jean Ollivro[33] y superpose la *communauté de dessein*. L'importance du destin et du dessein dans une communauté de devenir varie selon les contraintes qui s'y appliquent. Ainsi, un écosystème forge une communauté de destin. Lorsqu'il évolue, tous ses composants sont contraints à évoluer. Si le climat se réchauffe, les plantes, les animaux et les humains qui y vivent devront s'adapter. Si une rivière est polluée, les interactions vitales y sont bouleversées. Ces deux exemples montrent qu'une communauté de destin est affectée par des causes générales et par des causes locales touchant son environnement. La contrainte peut être d'ordre économique. Une communauté ruinée voit se limiter sa capacité à choisir son futur. L'augmentation des coûts de transports force les desseins communautaires à se territorialiser.

Une communauté de devenir pour toute l'humanité est une idée très répandue. Les uns y voient un destin commun, les autres y voient le résultat de desseins humains ou divins. Nous avons vu ce que cet universalisme peut avoir à la fois de brillant et d'inquiétant.

Une communauté peut s'agréger sur le sentiment d'appartenance à un destin commun. Les astrologues, prophètes et devins sont des grands découvreurs de communautés de ce type. Les communautés de desseins sont plus volontaristes. Les planificateurs et les spécialistes du *management de projet* fixent des objectifs communs. Des experts en sciences humaines parlent d'en *négocier le sens*. Le sentiment d'appartenance apparaît autour d'un projet commun, avec son vocabulaire, ses moyens et ses finalités particulières.

En réalité, les communautés de devenir, communautés de destin ou communautés de desseins, sont au départ des communautés de rêve. Le rêve est passif pour ceux qui s'abandonnent au destin, actif pour ceux qui visent un objectif. Partager un rêve est un enjeu qui n'est pas sans effet sur les réalités présentes et futures. L'histoire humaine abonde de conquêtes, tant militaires que sociales ou scientifiques, qui se sont faites au nom d'un rêve. Il faut d'ailleurs restreindre le concept de communautés de devenir à celles qui s'inscrivent dans l'histoire. Lorsque le rêve se situe dans un futur très proche, comme celui de victoire lors d'un match de football, on ne peut pas parler de communauté de devenir ; on en reste à des communautés de pratiques, avec leurs joies et leurs peines. Les communautés de devenir sont des ensembles durables. Les écosystèmes, les nations, les religions, les États, l'humanité, la biosphère impulsent des communautés de devenir.

Synthèse

La Bretagne est inscrite dans la durée. Elle est à la fois communauté d'origine, communauté de pratiques et communauté de devenir. Ce constat nous permet de taxer d'imposture le mot « Bretagne » appliqué à une région administrative sans passé ni avenir. Une région administrative peut être considérée comme une communauté de pratiques administratives. L'État français constitue, par sa législation unique et son administration centralisée, une communauté de pratiques bien plus consistante. Une région administrative française n'est pas une communauté d'origine. Il n'est que de citer quelques noms récents, et sans doute éphémères, comme « Nouvelle Aquitaine », « Grand Est » ou « Hauts de France » pour s'en convaincre. Elle n'est pas non plus une communauté de devenir, dans la mesure où une décision politique extérieure, comme il s'en prend tous les jours, peut la supprimer ou la modifier.

Communauté d'origine, de pratiques et de devenir, la Bretagne se définit de façon autonome. Même si elle fait aujourd'hui partie de la république française, elle ne pourrait se définir uniquement par la France. Je plains ceux qui n'existent qu'administrativement.

VIVRE SANS LAISSER DE TRACES

Les communautés autochtones ont-elles une histoire ? Oui et non. Oui car elles évoluent. Non car aucun marqueur précis ne vient jalonner leur évolution. Les marqueurs historiques sont ceux de l'encadrement social, non pas ceux de l'identité. Lorsqu'une société est très encadrée, les témoignages historiques se multiplient. Les échanges sociaux laissent des traces ; les premiers écrits connus sont des relevés comptables ! Les institutions sociales créent des objets, des archives, des monuments, des cérémonies. Lorsque les cadres sociaux s'effondrent, les archives ne sont plus tenues. Elles manquent cruellement à l'historien. Les solidarités communautaires ne laissent pas d'empreinte. Les écrits qui témoignent d'une comptabilité ou d'une hiérarchie sont absents. Les murailles et les monuments, corollaires de l'encadrement, ne sont plus érigés. Les cérémonies perdent leur raideur protocolaire. Elles ne rythment plus le tempo de la collectivité.

Le temps historique est une construction sociale. En l'absence de structure sociale, les identités collectives sont difficiles à discerner. Cela dit, le bonheur des individus n'est pas corrélé à l'encadrement, même si l'étiquette de *périodes barbares* impose l'idée que le malheur et la misère sont inévitables lorsqu'il n'y a pas de pouvoirs institués.

La société encadrée a toujours été imaginée comme un progrès par rapport à la communauté naturelle. D'une part, les communautés de nomades, de paysans ou de guerriers, semblent accaparées par leurs tâches quotidiennes, étrangères aux problèmes abstraits. D'autre part, l'ordre social apparaît comme un fruit de l'intelligence.

Vraiment ? L'absence d'écrits ne veut pas dire absence de pensée. Nous nommons « préhistoire » ce qui est antérieur à l'écriture, parce que l'échange tarifé, caractéristique de la relation sociale, passe par l'écriture. Pourtant, les artistes de Lascaux n'illustrent pas une préhistoire culturelle. Ils expriment les finesses d'une culture magdalénienne aujourd'hui disparue, sans aucun lien avec les cultures lettrées qui se sont développées postérieurement sur le même sol. Plus de dix-huit millénaires plus tard, les Celtes apparaissent à l'ouest de l'Europe. Leurs druides proscrivaient l'écriture ; pourtant, les objets de la période de La Tène, ainsi que les témoignages des auteurs grecs et latins, nous persuadent sans peine des splendeurs de la culture celtique. Et que dire, entre temps, des alignements de Carnac ou des cercles de pierres de Stonehenge, lorsque l'on sait le travail et l'organisation que leur mise en place a nécessités ? Constatons la concordance d'alignements de pierres remarquables sur le lever des astres, et les longs trajets que ces blocs ont effectués avant de trouver leur place définitive. Peut-on encore imaginer des sauvages miséreux, luttant pour survivre au jour le jour ?

Il a existé, à toutes les périodes, des identités collectives et des solidarités hors contrôle. Chacune de ces identités peut un jour, si les conditions lui sont favorables, donner naissance à une société encadrée. La préhistoire de la société romaine s'étend entre l'irruption des Indo-européens sur le territoire des Ligures et l'arrivée des Étrusques au sein des communautés paysannes du Latium. Sur le même territoire, la préhistoire de la société italienne s'étend de la chute de l'empire romain jusqu'au Xe siècle, lorsqu'Othon 1er prit le titre de *roi d'Italie*. Durant ces préhistoires, ou plutôt ces *interhistoires*, les humains étaient tout aussi humains que pendant la période de la société romaine et celle de la société italienne.

Aujourd'hui encore, il existe des identités collectives hors contrôle, dans des contrées éloignées, dans des ruralités oubliées, dans les banlieues des cités. Qui sait si elles ne sont pas la préhistoire de quelque institution sociale ?

DES ÉCHELLES DE VALEURS PARTICULIÈRES

Une communauté n'est pas une œuvre de la raison. Les faits ne sont pas rationnels, ni d'ailleurs irrationnels ; ils sont, et c'est tout. Les valeurs communautaires peuvent être acceptées, mais ne peuvent être justifiées. Elles peuvent être rejetées, mais il est absurde de les condamner.

Lorsque nous examinons les rapports entre les communautés et la morale, nous sommes souvent victimes du penchant français de tout ramener à l'individu d'une part, et d'autre part d'adopter des règles valables pour l'humanité entière. Les morales qui nous sont les plus familières ne se limitent jamais à la famille ou au groupe. Le fils ne doit pas payer pour l'erreur de son père, et encore moins le voisin. Les morales universelles auxquelles nous croyons ont été révélées par les prophètes, les philosophes ou les scientifiques. Elles se prévalent d'un droit qui se veut « naturel ». Elles considèrent que les individus sont responsables de leurs actes et que les actes peuvent être classifiés. Cela n'a pas toujours été ainsi. Les règles morales n'étaient pas unifiées dans l'antiquité païenne. Il n'existait pas de *meurtriers-en-soi*. Les uns avaient tué un concitoyen, d'autres avaient tué un esclave, d'autres avaient tué un ennemi. Les uns méritaient le châtiment, les seconds l'indifférence, les derniers la gloire.

Les traditions communautaires ont maintenu en Europe, malgré la pression exercée par le christianisme, des morales spécifiques. Aujourd'hui, deux types de morales coexistent, et l'habitude a créé une sorte de consensus. Lorsque l'existence individuelle est assurée, la morale « naturelle » s'exprime en priorité. Elle favorise les confrontations, les synergies, les influences fécondes. Lorsque le danger rôde, la morale de groupe reprend force. Peu importe, dans le cas des communautés nationales, qu'on l'appelle civisme, patriotisme, démarche citoyenne ou chauvinisme. Elle permet de maintenir la cohésion. Chaque camp moral a ses puristes. Les tenants d'un extrémisme évangélique manifestent volontiers de la répulsion pour toute forme de relativisme. Ils ne voient en tout homme qu'un enfant de Dieu. Et c'est à peu près exclusivement dans les milieux nationalistes que fleurit le néopaganisme. Les plus radicaux ne voient en tout homme qu'un enfant de sa communauté.

Poursuivons sur un terrain plus concret, en prenant notre exemple dans un pays culturellement proche de notre référence bretonne, à savoir l'Irlande. Les valeurs se manifestent par des actes, ou des projets d'actes. Un projet communautaire peut-il être conforme à des principes moraux universels ?

Il l'était aux yeux des « Irlandais-Unis », à la fin du XVIIIe siècle. Ceux-ci déclaraient, dans le premier article de leur Constitution : *« Cette société est constituée dans le but de promouvoir une fraternité d'affection, une communauté de droits, une unité de pouvoir entre Irlandais de toute conviction religieuse ; et d'obtenir ainsi une réforme complète de la législation, fondée sur les principes de la liberté civile, politique et religieuse. »*. Le but des Irlandais-Unis s'inscrit dans le cadre d'une morale universelle : la liberté pour tous. Ce sont les principes de la liberté civile, politique et religieuse qui sont invoqués. L'indépendance de l'Irlande n'est qu'un épisode particulier de cet idéal. Les Irlandais Unis veulent la liberté partout, et donc aussi en Irlande.

Les choses ont été vues de façon différente, un demi-siècle plus tard, par d'autres indépendantistes irlandais, ceux du mouvement *Jeune Irlande*. En 1843, Davis écrit dans le journal « La Nation » : *« Et maintenant, Anglais, écoutez-nous ! Même si vous nous donnez demain les meilleurs baux de la terre, même si vous accordez l'égalité entre presbytériens, catholiques et anglicans, même si vous nous accordiez la représentation la plus forte dans notre sénat, même si vous nous restauriez nos exemptions, si vous nous libériez de votre dette, si vous redressiez tous nos préjudices fiscaux ; même si, par-dessus le marché, vous pilliez les trésors du monde entier pour amasser l'or à nos pieds, même si vous épuisiez les ressources de votre génie pour nous honorer ; malgré tout cela, nous vous le disons (...), nous dédaignerons vos présents s'ils sont liés à la condition que l'Irlande reste une province. Nous vous le disons, malgré ce qui peut advenir –corruption ou fourberie, actes de justice, de politique ou de guerre-, nous vous le disons au nom de l'Irlande, que l'Irlande sera une Nation ! »*

Chez Davis et chez tous ceux du groupe Jeune-Irlande, c'est l'Irlande elle-même et non un but humanitaire ou un idéal universel qui justifie le projet indépendantiste. C'est au nom de la communauté nationale qu'ils se soulèvent. Le projet n'est pas chez eux conforme à la raison abstraite ; il est conforme à UNE raison, l'exaltation nationale de l'Irlande.

A ces observations, nous donnerons deux conclusions complémentaires.

Il n'y a pas de filiation entre la morale « naturelle » et les valeurs communautaires. Il n'y a pas non plus incompatibilité. Au XVIIIe siècle, les Irlandais-Unis présentent leur projet comme une application pratique de l'idéal de liberté ; leurs successeurs ont montré qu'ils pouvaient fort bien se passer d'un tel cadre moral.

L'erreur serait de ramener toutes les morales communautaires à l'expression locale d'un système unique de valeurs. Les différentes communautés peuvent emprunter la même démarche, exiger des droits équivalents. Mais les bavardages moralisateurs ne peuvent effacer ni refroidir les valeurs uniques et chatoyantes qui ont germé dans le sol de chaque nation ou dans les cieux de chaque religion.

DES DIFFÉRENCES IRRÉDUCTIBLES

La cohésion de groupe et le sentiment d'appartenance naissent de différences : différences historiques, linguistiques, culturelles, sociologiques. Si ces différences n'avaient aucune importance, il n'existerait ni cohésion de groupe, ni sentiment d'appartenance. La différence a toujours été un besoin humain. Chacun se met en valeur, non pas par ce qu'il a en lui de commun, mais par ce qui le distingue des autres. Les hommes qui font valoir leurs aptitudes, les femmes qui font valoir leur beauté, ceux qui s'enorgueillissent de la couleur de leurs yeux, tous mettent en avant des qualités pour lesquelles ils n'ont souvent aucun mérite. Les gens se flattent bien plus de leurs dons naturels que de compétences acquises à grand peine, mais accessibles à d'autres. Chacun cherche à être avec les autres sans être comme les autres. Cette bizarrerie, de la part de l'individu social, nous permet de voir que la différenciation est un moteur puissant du comportement humain. Les hommes définissent l'humanité par des ressemblances et se définissent entre eux par des différences.

Il existe des tentatives visant à jauger les différences dans le cadre d'une échelle de valeurs universelle. La plupart de ces tentatives ont aujourd'hui perdu tout crédit. L'anthropologie retient qu'il existe des différences entre les races et les types humains, mais ne retient plus aucune hiérarchie. En matière linguistique, les langues agglutinantes ne sont plus considérées comme primitives par rapport aux langues flexionnelles. En grammaire, l'ordre des mots dans la phrase, sujet-verbe-objet, n'est plus considéré comme naturel, ni comme un indice de supériorité. Je ne nie pas qu'un conflit entre les traditions communautaires et une morale universelle peut, ou a pu, se poser : c'est par exemple le cas du sacrifice humain chez les Aztèques ou les anciens Celtes. Mais rares aujourd'hui sont les traits culturels distinctifs qui sont considérés partout ailleurs comme inhumains.

Pour que les différences soient typiques d'une communauté, il faut nécessairement qu'elles aient subi l'épreuve de la durée. Il se peut que, le temps d'une génération et même de plusieurs, des différences naissent entre régions voisines, s'exacerbent, puis disparaissent. Prenons le cas du costume breton. Au XIXe siècle, les particularités vestimentaires de la Bretagne se sont développées ; elles ont disparu un siècle et demi plus tard, du moins dans leur usage courant. Ces différences vestimentaires ont eu une durée trop brève pour constituer une différence que l'on peut qualifier de « culturelle ». En revanche, la tradition artistique qui a présidé à leur confection et qui se manifeste aussi dans les œuvres sculpturales, architecturales, musicales ou littéraires depuis des siècles est un élément constitutif de la différence culturelle bretonne.

L'impératif de durée nous impose de rechercher les différences communautaires sous le voile des apparences. La langue bretonne, comme toutes les langues, s'est transformée avec le temps et continue de le faire ; mais elle reste langue bretonne. De même la musique bretonne a utilisé divers instruments selon les époques, l'architecture a emprunté de nouveaux matériaux et de nouvelles techniques. C'est l'épreuve de la durée qui permet de départager, dans les manifestations musicales ou architecturales, ce qui est permanent de ce qui est transitoire.

S'il n'est pas possible de hiérarchiser les communautés, peut-on les jauger selon la quantité de fruits qu'elles produisent ? Il ne faut pas exagérer l'importance de la richesse – qu'elle soit culturelle ou économique -, s'en griser, ou jalouser celle des autres. La richesse n'est pas une valeur ; c'est un atout. Elle ne permet pas de survivre ; elle donne seulement des moyens de le faire. Elle ne permet pas de créer ; elle donne seulement des exemples de création. **Je ne suis pas loin de penser que les richesses culturelles bretonnes doivent être préservées, non pas parce qu'elles ont une valeur intrinsèque, mais parce qu'elles sont une incitation à créer d'autres richesses culturelles bretonnes**.

L'écrivain irlandais James Joyce s'est un jour écrié : « J'ai épuisé la langue anglaise ! ». C'est là une provocation typiquement irlandaise. Personne, évidemment, ne peut épuiser une langue ou une culture. Personne ne pourra épuiser la culture française. Personne non plus, à moins d'être follement orgueilleux -ou terriblement ignorant-, ne pourra épuiser la langue ou la culture bretonne. Et si personne ne peut épuiser une langue ou une culture, personne ne peut non plus les contrôler durablement.

DYSTOPIE N°2. UN CONTE D'IDENTITÉ-FICTION

Les identités peuvent être hors contrôle... Pour terminer ce chapitre, imaginons une sorte d'identité-fiction. L'homme dont je vais vous parler avait été l'un des fondateurs du petit village qui s'accroche sur le bord de la rivière qui, ici tout près, se vautre dans la mer. Il était le dernier survivant des Pères de la Nation. Lors des veillées, tout le monde écoutait ses paroles avec la même émotion. Sa voix se mêlait aux craquements des branches et au bourdonnement du feu. Chacun essayait de saisir les mots magiques qui tintaient dans son récit. Personne n'en connaissait plus le sens. Pourtant, ils faisaient frissonner les enfants aux lèvres entr'ouvertes.

Il y a bien longtemps, les humains fourmillaient sur la terre. Ils avaient domestiqué les animaux, les arbres, le temps qu'il fait. Ils avaient gommé tout ce qu'ils ne pouvaient soumettre. Bien avant ma naissance, il existait des hommes de différentes couleurs de peau, des jaunes, des noirs, et même, paraît-il, des tout blancs. À partir du moment où les femmes furent stérilisées à l'adolescence et où les enfants naquirent dans les laboratoires-usines, au milieu des flacons et des tubulures, ce fatras fut homogénéisé. Ce progrès a réduit bien des rivalités et bien des désordres.

Les usines produisaient les enfants et les marchandises, selon les besoins. Elles étaient devenues si grandes que les frontières avaient éclaté. Les vieilles nations s'étaient dissoutes. De puissants ordinateurs avaient travaillé sans relâche afin de synthétiser toutes les langues et toutes les cultures en une œuvre unique. Dans toutes les écoles de la Terre, les enfants absorbaient les mêmes connaissances, ce qui ne pouvait qu'apporter la paix et la fraternité universelle.

Pendant un moment, un trop court moment, tout le monde a été l'égal de tout le monde. On en avait connu, des étrangetés ! Les hommes des montagnes se groupaient entre eux, et aussi les hommes des bords de mer. Les Européens se voulaient différents des asiatiques. Cela se passait avant que l'on centralise la production d'enfants dans une seule usine.

Personne ne sut jamais d'où le coup mortel était venu. Quelques individus, tous sortis le lundi de l'Usine à Enfants, créèrent un groupe qui se donna pour nom « Communauté de la Lune ». Ils s'assemblaient et se moquaient de la masse amorphe de ceux qui étaient nés entre le mardi et le dimanche. Les plus fanatiques s'étaient confectionnés en toute illégalité des casques, sur lesquels ils avaient fixé un croissant lunaire, ou peut-être des cornes.

Par réaction, d'autres communautés se formèrent pour chacun des jours de la semaine. Les ordinateurs furent déroutés par le phénomène, par sa soudaineté et par sa puissance. Ils ne purent trouver une réponse satisfaisante. De toutes façons, le mal était fait. Les humains avaient été mis au monde tout au long de la semaine. Et quand bien même ils auraient été mis au monde en un seul jour, il se serait sans doute créé des communautés de 9 heures, de 10 heures, et ainsi de suite.

Les communautés devinrent, au fil du temps, de plus en plus bizarres et de plus en plus différenciées. Ceux qui étaient nés le mardi prirent pour emblème la planète Mars. Ils se moquaient de ceux du lundi, qui ne descendaient que d'un vulgaire satellite de la Terre. Mais les choses n'en restèrent pas à des considérations astronomiques. Ceux du mardi passèrent pour des gens batailleurs, et d'un commerce difficile.

Ceux qui étaient nés un mercredi prirent pour symbole la planète Mercure, pour avoir aussi une planète à eux. Ils édifièrent toutes sortes d'idoles. Parfois, ce fut un jeune homme riche, aux pieds ailés. Ailleurs ce fut un poète borgne, chevauchant une monture à huit pattes. Ceux du mercredi acquirent la réputation d'une imagination débordante. Il est vrai que beaucoup d'inventeurs et d'artistes faisaient partie des confréries du mercredi.

Ceux du jeudi glorifiaient la force. Cela fit espérer qu'ils seraient les sauveurs de la Civilisation et qu'ils la purgeraient de ses accès mystiques. On fit appel à eux pour reprendre la société en main. Mais l'ivresse du pouvoir les égara. Ils s'inventèrent une idole à demi-nue qui tenait d'une main la foudre.

Ceux du vendredi, en réaction à tous les autres, se présentèrent comme des gens aimables et tendres. Ils se donnèrent pour emblème une planète chaude, et une belle jeune fille. Mais là encore, le feu mystique brûlait l'entendement. Sous la douceur superficielle surgissait de temps en temps, tel un torrent de lave, des passions sauvages.

Ceux du samedi étaient encore bien différents. Leur idole était sombre et taciturne, et eux-mêmes se voulaient à l'image de leur divinité. Quand ils méditaient, on se demandait toujours s'ils réfléchissaient ou s'ils regardaient passer le temps.

Ceux du dimanche s'attachaient à fêter les morts et les naissances. Ils faisaient cela de façon rayonnante et, disons-le, excessive. Ces fêtes étaient si importantes pour eux qu'on aurait pu les croire indifférents à tout ce qui se passait dans l'intervalle. Seulement le début et la fin des choses semblaient les émouvoir. Leur insigne était le soleil.

Les fondateurs des sectes furent neutralisés. Rien n'y fit. Les adeptes fleurissaient, l'ambiance sociale se dégradait. On entendait rire dans les rues. On entendait aussi crier et pleurer. Les adeptes en arrivèrent bientôt à désobéir aux directives centrales de la Civilisation. Ils se rendaient aux réunions interdites. Chacun y racontait, tout ébahi, son propre courage. Tous s'apercevaient avec stupéfaction que leur histoire intéressait leurs compagnes et leurs compagnons.

La grande bataille autour de l'Usine à Enfants fit rage pendant une semaine. Chaque communauté essayait d'en prendre le contrôle, afin de ne produire que des rejetons de leur clan. Mais ce ne fut au bénéfice de personne, car l'Usine explosa au soir du septième jour.

Une guerre impitoyable embrasa toute la planète. Les usines et les ordinateurs furent détruits ou sabotés. Des armées s'organisèrent, semant la dévastation, pillant, tuant, brûlant tout sur leur passage.

Les combats s'arrêtèrent, faute de combattants. La Guerre avait détruit toutes les villes, et il ne restait plus rien de la grande Civilisation. Les survivants durent se nourrir de fruits sauvages et de la chair des animaux. Des enfants naquirent des femmes, ce qui fut considéré comme un don des dieux. Les humains, rassasiés de gloire et d'aventure, continuèrent à vénérer leurs idoles, mais ne prêtèrent qu'une attention distraite au fait que leurs rejetons naissaient n'importe quel jour de la semaine. Les enfants adoptèrent les rites et les traditions de leurs pères, et se disaient les petits-fils d'astres célestes. Mais ils ne prêtaient aucune attention aux coïncidences concernant le jour de naissance de leurs parents. Comment l'auraient-ils pu, d'ailleurs ? L'habitude de découper le temps en semaines de sept jours s'était perdu.

...Aujourd'hui notre tribu vit heureuse, protégée par le dieu lunaire. Si nous existons, et que nos voisins existent, c'est parce que ce monde fut fondé sur sept jours...pour sept divinités...ou en sept... ou par sept... dieux... jours...Dies Irae, Dei Ira...Ooooh ! Ma pauvre tête... »

Le vieil homme disparut un jour. Le temps l'effaça de la mémoire des vivants. Dans le ciel, la lune et les planètes poursuivaient leur course prévisible et éternelle, apportant aux hommes anxieux le réconfort de vivre au sein d'une communauté à la fois tellurique et céleste.

Neuvième chapitre

SENS DE LA VIE ET IDENTITÉ COMMUNAUTAIRE

Ce dernier chapitre éclaire les perspectives de revanche du singulier sur l'universel. Les idéaux et les idéologies cèdent la place aux aventures communautaires. Donner un sens à sa vie devient plus important que de lui donner un but.

NOTRE EXISTENCE EST-ELLE FORTUITE ?

Nous autres, humains, sommes des êtres pensants, intelligents et supérieurs, d'après ce que répètent les prêtres de la Raison. Pourtant, nous ressentons une sensation de vide. Les hauts diplômés nous répètent que tout naît de la matière et évolue selon les lois du hasard. Nous n'avons pas les moyens de contester leurs discours, mais nous n'y croyons plus. Nous n'admettons plus que ce qui a existé depuis plus de trois milliards d'années, ce qui existe en nous et autour de nous, ce qui existera après nous, nous n'admettons plus que tout cela ne soit qu'accidentel. Nous n'admettons plus d'être des quidams fortuits.

Durant la modernité, notre vie a été orientée vers les 3P : pensée, progrès, profit. Un sentiment de révolte contre tout cela nous a saisi. L'identité est devenue un besoin, alors qu'elle ne porte en elle aucun progrès ni aucun profit. Elle précède souvent la pensée. L'identité nous fait miroiter des aventures sans utopie. Quand elle nous inspire ou quand elle nous possède, nous proclamons « Je suis donc je pense », revendiquant ainsi un humanisme sans universalisme. Nous avons tourné la tête vers les communautés, alors que le social nous avait prédit leur disparition.

« Sens de la vie » et « identité » sont devenus des synonymes. Quand je cherche un sens à ma vie, je cherche quelles sont mes identités : identité réelle, identité assumée, identité voulue, identité rêvée. Quand j'assume une identité, je donne un sens à ma vie. Quand je refuse une identité qui m'est octroyée de l'extérieur, je refuse que quelqu'un d'autre que moi-même donne un sens à ma vie.

Mais, malgré l'engourdissement cérébral provoqué par notre confort identitaire, une question reptilienne surgit. Donner un sens à sa vie a-t-il un sens ? Pour faire de notre vie une œuvre achevée, faut-il à tout prix lui coller un sens, comme l'industrie agro-alimentaire intègre aux aliments des colorants ou des saveurs artificielles ? Je ne veux pas imaginer que le sens de la vie soit élaboré dans des usines philosophiques, religieuses ou idéologiques. S'il existe, le sens de la vie ne peut pas être un additif plus ou moins douteux, destiné à corriger la couleur ou le goût original de nos identités. Si la vie a un sens, ce sens fait partie de la vie. Il résulte d'une fécondation, non pas d'une addition.

Le sens de votre vie est d'abord embryon. Vous le portez, sans savoir s'il vous ressemblera. Vous le sentez. Il déforme votre corps et préoccupe votre esprit. Puis il naît. Vous en accouchez. Lui donnerez-vous un nom ? Parfois le nom, ce vocable qui vous *identifie* aux yeux de tous, est donné dès le stade embryonnaire, parfois à la naissance, parfois plus tard. Il se peut que, comme dans l'Irlande ancienne, le nom définitif ne soit donné que bien après la naissance, quand l'individu aura exprimé sa personnalité. Ainsi le héros de l'épopée *Táin Bó Cúailnge* s'est d'abord appelé *Setanta*, ce qui signifie « celui qui chemine ». A cinq ans, il tue le molosse du forgeron Culann. Son tuteur, le druide Cathbad, lui donne alors son nom définitif de *Cuchulainn*, « le chien de Culann ».

Le sens de votre vie n'est pas vous-même. Il n'est pas votre image dans un miroir. Il vous ressemble, sans doute, mais comme un enfant récupère quelques-uns des traits de son père et de sa mère. Le sens de votre vie, à sa naissance, dépend de votre environnement. Il se nourrit. Il observe, il apprend. Il s'enhardit au fil du temps. Il passe par une phase enfantine, brouillonne, mais pleine d'énergie. Puis il mûrit. Il se peut qu'il vieillisse et meure avant que la vie elle-même ne vieillisse et ne meure. L'embryon est le fruit d'une rencontre fondatrice, souvent vécue comme extraordinaire ou transgressive. J'ai eu la chance, et sans doute le courage, d'opter pour une insoumission fondatrice qui m'a conduit vers des rencontres imprévisibles. Le refus du service militaire m'engageait à une période d'exil, suivie d'une période de prison. Il enclenchait aussi la construction d'une façon de voir la vie, d'habiter le monde, de communiquer.

Toutes les rencontres ne sont pas fondatrices. Elles peuvent n'être qu'un épisode, dans une vie qui a déjà trouvé son sens, ou qui n'en trouvera jamais. La rencontre fondatrice échappe à la raison. La procréation n'est pas un acte raisonnable, elle non plus.

Une forme dégradée du sens de la vie est la *gestion de carrière*. Gérer sa carrière est une manière de vivre activement. Elle est basée sur les trois P de la modernité : pensée, progrès, profit. Un paysan ou un noble du Moyen-Âge pouvait avoir diverses préoccupations, mais pas une préoccupation de *carrière*. D'innombrables livres, écrits par autant d'innombrables experts, donnent des conseils sur la gestion de carrière, la gestion du couple, la gestion des enfants, bref le déroulement d'une vie normale et normalisée, qui se veut donc réussie. La gestion de carrière est une forme dégradée du sens de la vie parce que l'orientation n'est pas donnée par l'individu lui-même. Ce n'est pas l'acte fondateur, forcément arbitraire, qui détermine la suite. C'est le point de fuite *mainstream*, forcément raisonnable, qui détermine la direction à suivre.

Forcément raisonnable... La raison donne des explications, mais n'apporte pas de signification. Une vie raisonnable n'a aucune signification. Elle s'explique par une *nécessité*, et c'est tout. Il faut sans doute choisir entre une vie raisonnable et une vie signifiante.

SENS DE LA VIE, SENS DE LA MORT

« Celui qui met sa vie dans la balance
peut tenir n'importe quel enjeu » (G. Bernanos)

Donner un sens à sa vie… jusqu'à en mourir.

J'ai été fasciné par un de ces personnages extraordinaires, dont le sens de la mort est plus important que le sens de la vie. J'ai même écrit un livre sur ce héros. Patrick Pearse, meneur de l'insurrection irlandaise de 1916, est mort à 36 ans, fusillé par l'armée britannique. Il décrit lui-même le sens de sa vie et de sa mort, dans son poème *Le fou* :

Puisque les sages ne le disent pas, je le dis, je suis seulement un fou ;
Un fou épris de sa folie
Oui, plus que les sages ne le sont de leurs livres, de leurs comptoirs, de leurs maisons paisibles,
Ou de leur renommée dans la bouche des hommes ;
Un fou qui durant ses jours n'a jamais agi avec prudence,
Qui ne s'est jamais préoccupé du coût, ni de savoir si quelqu'un d'autre récoltait
Les fruits de ses puissantes semailles, se contentant de semer les graines ;
Un fou sans remords, et qui bientôt quand tout finira,
Rira dans son cœur solitaire, quand les épis mûrs tomberont sous les faucilles
Et que le pauvre qui était affamé sera rassasié,
Alors que lui a faim (…)[34]

J'ai moi-même passé suffisamment près de cette situation pour en avoir humé le parfum enivrant. En 1983, j'ai été arrêté par la police. J'étais accusé de constitution d'un groupe paramilitaire breton, détention d'armes, et autres forfaits suffisamment *significatifs* pour me valoir un long séjour carcéral. Dans le premier acte d'accusation, il était même fait mention de contacts avec des puissances étrangères, ce qui était du plus mauvais effet en cette période de guerre froide, d'agitation libyenne, de révolution iranienne.

J'ai été embastillé à Brest, dans l'ancienne prison de Pontaniou, aujourd'hui désaffectée. La voûte de pierre de la cellule que je partageais avec trois autres pensionnaires témoignait de l'ancienneté du lieu. À vrai dire, je ne suis pas resté longtemps dans cet endroit vénérable. Ma décision de commencer une grève de la faim illimitée a eu pour conséquence de m'expédier en isolement dans une cellule beaucoup plus moderne et sans doute mieux gardée.

En prison, les grèves de la faim ne sont pas rares. Elles se terminent généralement au bout de quelques jours et on n'en parle plus.

Pourquoi me suis-je acharné ? Lors de mon précédent séjour pénitentiaire pour insoumission, j'avais été transféré de Rennes à Brest pour examen psychiatrique. Poignets menottés et pieds entravés, j'avais fait le voyage dans un train de voyageurs, encadré par deux gendarmes. Ce traitement, qui soumet le criminel à la réprobation publique, rappelle le pilori médiéval. Il était sans doute prescrit pour me mettre dans l'état psychologique requis avant l'examen. Devant le psychiatre, un certain docteur N., je n'ai pas dit un mot, malgré ses arguments. Il m'a jugé *« paranoïaque et psychorigide, mais accessible à une sanction pénale ».*

Psychorigide... Voilà sans doute l'explication de mon comportement. Elle rejoint la réputation du breton têtu. Toujours est-il que je me suis installé dans ma grève de la faim. Il est vrai que, pendant les premiers jours, vous avez une désagréable sensation de manque. Vous éprouvez un déséquilibre. Vous rêvez d'une restauration qui reste virtuelle. J'ai ainsi pu contempler, au fond de mon cerveau, des plats de fruits de mer comme personne d'autre n'en a jamais vu.

Dans la mesure où je suis naturellement maigre, j'étais en acétonémie au bout de dix jours. Les médecins vous diront qu'un accident sanitaire peut alors survenir à tout moment. Je ne bougeais que difficilement. Je ne buvais que de l'eau sans sucre. Le trouble de ceux qui me visitaient, infirmiers, autorités pénitentiaires et judiciaires, était palpable. Au treizième jour, mon avocat, maître Choucq, m'a annoncé ma libération. J'avais perdu douze kilos, soit un kilo par jour. J'ai été jugé plusieurs mois plus tard et condamné à une peine de prison avec sursis. Je ne me souviens plus, ni des raisons retenues, ni de la durée.

Une grève de la faim illimitée est une expérience paradoxale. Cette action est le comble de l'inaction. Toutefois, l'inaction physique est contrebalancée par une activité intellectuelle intense, du moins dans les premiers jours. On s'y interroge sur le sens de la vie et sur l'importance de sa propre vie.

Sans doute, en se mettant ainsi en perspective de mort volontaire, vise-t-on une sorte d'immortalité, ou un chemin vers la réincarnation. À moins que de donner un sens à sa mort soit aussi important que de donner un sens à sa vie…

Il ne faudrait pas croire que la peur soit omniprésente. Je n'ai pas ressenti sous ma peau ce frisson individualiste. Je n'ai pas entendu, sortant de ma bouche, cette parole plus haute provoquée par la peur, le désir de captiver un interlocuteur ou la recherche d'un profit. Simplement une fierté de la signification. La signification justifie le risque suprême par la transmission d'un exemple. Transmission n'est pas raison.

Face aux détenteurs du pouvoir politique ou judiciaire, la grève de la faim est un révélateur. Celui qui flanche est celui dont le sens de la vie et de la mort est le plus faible. Aucune posture, aucun discours ne peut tromper l'adversaire. Les analyses sanguines indiquent assez précisément le niveau de votre détermination.

UN SENS OU UN PÉRIMÈTRE

Le sens de la vie est devenu l'interrogation tarte-à-la-crème de notre temps. C'est la manière actuelle de poser la double question « D'où venons-nous ? » et « Où allons-nous ? ». Ce doublé nous rappelle une angoisse spirituelle que la modernité avait rejetée. La recherche d'explications nous a distrait pendant cinq siècles. Elle nous avait semblé supérieure à la recherche de significations. Et cependant, l'angoisse est toujours là. Les explications ont engendré une angoisse matérialiste, celle de notre manque d'importance, celle de notre absurdité. Je pense, mais qui suis-je ?

Chercher un sens à sa vie dans la sphère privée ? S'enrichir, dominer, vivre ses passions, se faire plaisir. Le vocabulaire de l'individualisme est varié. Il sollicite les valeurs de liberté, il se justifie de bien des manières.

La sphère privée est celle de la conscience. Elle n'est pas seulement celle du repli sur soi ; elle peut être aussi celle de l'ouverture sur l'humanité. Ouverture sur « l'extérieur ». Altérité conceptuelle, le plus souvent altérité indifférenciée, altérité abstraite. L'autre, ce sont les autres…

Lorsque je cherche un sens à ma vie dans la sphère privée, les limites de l'aventure sont ma naissance et ma mort. Peut-on parler de sens ? Ne serait-ce pas plutôt le périmètre dévolu à chaque individu, qu'il soit égoïste ou altruiste, gentil ou méchant, riche ou pauvre ? Le sens de la vie est alors d'aller de la naissance à la mort, en faisant le bien ou le mal, ou en ne faisant rien. Est-ce là ce *sens de la vie* que nous cherchons ? Pour ma part, la réponse est négative.

Je cherche quelque chose de plus grand que moi-même ; Pour donner du sens à ce *moi-même*.

SE DIRIGER VERS…

Donner un sens à sa vie peut vouloir dire deux choses : lui donner une direction ou lui donner une signification. D'une part, vers où diriger ma vie ? D'autre part, quelle valeur lui accorder ? Voilà deux questions complémentaires, mais non pas synonymes.

Commençons par la direction. Je pense le futur. Je pense le point de fuite. Ainsi raisonnent l'utopiste, l'idéologue, le prospectiviste. Modernité ! Pensée, profit, progrès… Je pense ce que je serai, ce que l'humanité sera. L'utopiste, l'idéologue, le prospectiviste, tous pensent le futur. Pour imprimer une direction, rien ne vaut le point d'arrivée. Entre l'alpha et l'oméga, c'est l'oméga qui importe. C'est l'oméga qui révèle mon identité rêvée, la conclusion espérée de mon récit. Il révèle aussi le regard que je porte sur mon identité passée et sur l'identité des autres.

Lorsqu'au commencement est l'acte de penser, l'existence est d'abord une existence pensée. L'oméga est une abstraction, qui appelle à l'existence ce qui doit être. Ainsi sont les utopies sociales. Les utopistes répéteront sans se lasser : « Je suis citoyen du monde ! », « Nous sommes tous frères ! ». Idéaux généreux m'a-t-on dit. Non, ce n'est pas vrai. Ce serait réduire la générosité à un handicap : celui de rendre abstrait ce qui est réel. Les idéaux universels, c'est l'incapacité du missionnaire à admettre que son oméga n'est pas le seul oméga qui vaille. Il existe autant d'omégas que d'hommes, de sociétés humaines, de communautés. Mon oméga, disent-ils, est aussi celui des autres. Mon oméga éclairera les autres, mon oméga est celui de l'humanité. Délire paranoïaque ! Les idéologies du XXe siècle nous en ont apporté la preuve : leurs paradis sont des portes ouvertes sur l'enfer.

Survolons quelques omégas.

La société égalitaire, prônée par les pères du socialisme, nous demande de nous projeter dans le futur et nous donne la direction : les mêmes droits pour tous. Le premier point de fuite est « A chacun selon son travail ». Puis apparaît un second point de fuite : « A chacun selon ses besoins ». Alors sera réalisé le rêve socialiste puis communiste. Convenons-en, l'idéal a perdu son lustre, par l'échec des expériences socialistes, par l'horreur des régimes communistes et par la limitation des ressources.

La société de consommation nous projette dans le futur et nous donne la direction : le pouvoir d'achat. Consommer plus pour les uns, consommer mieux pour les autres. Le point de fuite est l'aisance matérielle. Convenons-en, cet idéal a, lui aussi, perdu son lustre, par les inégalités révoltantes de la société libérale et, là encore, par la limitation des ressources.

L'idéal écologique nous enseigne la frugalité. Le point de fuite est : une nature préservée. Se limiter soi-même n'est pas nouveau. Ce chemin de vie est connu depuis toujours. C'est celui des anciens ascètes et de bien des philosophes. Mais limiter les autres, ne serait-ce pas un idéal bizarre, entre dictature, sadisme et perversion ?

Nous pourrions passer en revue tous les chemins de vie possibles. Il suffit de récapituler les verbes d'action : s'instruire, donner, enseigner, jouir, prier, dominer, amuser, aider, servir, et que sais-je encore... Gérer sa vie, gérer sa santé, gérer sa carrière...

Les enfants qui disaient, avec tout le sérieux dont ils sont capables, « quand je serai grand, je serai... médecin, aviateur, clown, etc. » sont moins nombreux qu'il y a cinquante ou cent ans. L'oméga a perdu de son attrait. Se polariser sur le but de la vie, c'est en perdre le sens. Paradoxe ? Non. Cela nous indique que le sens se dissocie du but. On ne s'extasie plus devant les trajectoires rectilignes. La ligne droite entre aujourd'hui et un point unique à l'horizon est ressentie comme pauvreté d'existence et rigidité d'esprit. A la trajectoire rectiligne est associée l'obsession, la monomanie, l'intolérance. Il flotte dans son sillage une odeur de déprime, d'inutilité, de non-sens.

SIGNIFIER

Mes enfants sont les fruits d'une rencontre créatrice. Ils m'ont donné une identité de père. Dans mon récit-mosaïque identitaire, ils font partie des trames principales. Pourquoi ? Parce que la paternité est une création extraordinaire, celle d'une œuvre vivante. On la voit naître, on la nourrit, on l'éduque. Puis on la voit devenir autonome. On la voit s'épanouir et s'éloigner.

La première signification de la vie, pour tous les êtres vivants de la bactérie à l'homme, est de se reproduire. Mot impropre, d'ailleurs, car les enfants ne sont jamais une reproduction à l'identique. Dans le récit identitaire dont je fais partie, ils sont un nouveau chapitre. Je n'en écrirai que les premières lignes. Le récit m'échappe… Hourra ! Qu'il continue sans moi !

La paternité est une aventure créatrice. Il est d'autres aventures et d'autres créations, les unes individuelles, les autres collectives. Le plus souvent un peu des deux. Mes aventures individuelles s'arrêteront au plus tard à ma mort. Mes aventures collectives se poursuivront tant que vivront les communautés que je contribue à perpétuer. L'arbre familial abrite un récit qui est à la fois l'aventure première et la communauté primordiale.

Entre l'alpha et l'oméga, c'est l'alpha qui donne une signification à l'aventure créatrice. La création, c'est le passage du connu à l'inconnu, de l'ancien au nouveau. De la glaise informe, le potier extrait un objet unique. Du zéro surgit le un. Du néant sort l'existant. De l'existant émerge l'innommé. Le nommer, c'est susciter une identité.

L'alpha est important. C'est lui qui révèle mon acte créateur, lorsque l'alpha est enfin derrière moi, lorsque je l'ai dépassé. Mon récit identitaire conte l'histoire d'une extraction. Il est une compilation d'aventures issues d'une origine, non pas l'histoire triste d'une utopie inaccessible.

Mon humanité particulière, unique, prend en compte un point de départ. L'universalisme, et tous les « ...ismes » des dictionnaires, sont des omégas que les sociétés font miroiter. Les petites communautés comme la Bretagne sont bien plus tolérantes. Elles savent que ni l'alpha ni l'oméga ne découlent de la pensée. Les communautés ne visent ni une stagnation ni un point de fuite. Elles vivent, elles portent la vie. De la vie naît la signification. Le sens de la vie est le fruit d'une rencontre ou d'une transgression fondatrice.

SENS DE LA VIE ET IDENTITÉ

Je pense donc je suis ; je rêve d'arriver.

Je suis donc je pense ; je rêve de partir.

Faut-il choisir entre direction et signification ?

La direction est donnée par le rêve d'arrivée. La signification est donnée par la légende de départ. La vie peut-elle avoir une direction, sans aucune signification ? Peut-elle avoir seulement un point d'arrivée ? Oui. Viser une étoile est ce qui peut advenir de mieux au déraciné, à l'homme des foules, à l'habitant d'une métropole mondiale. La vie peut-elle avoir une signification sans avoir de direction ? Oui. Sentir monter la sève par ses racines, et en nourrir son entourage, est la meilleure solution pour celui qui ne se soucie pas de l'avenir.

La synthèse se fait autour de l'identité. Un proverbe juif dit : *« On ne transmet que deux choses à nos enfants ; des racines et des ailes »*. L'identité-racine et l'identité-étoile sont les clés du sens de la vie. La direction et la signification imposent une condition que nous appellerons, même si le terme ne correspond pas exactement à ce que je veux dire, une *morale*. Les médias nous parlent de *valeurs*. Qu'importe le mot, nous y sommes.

C'est ici que réapparaissent nos trois identités, individuelle, sociale, communautaire. Pour que la vie ait une direction, la morale est, soit individuelle, soit sociale. La morale individuelle pose la question : Qu'exige ma conscience ? La morale sociale pose la question : Quels sont mes droits, quels sont mes devoirs ? Pour que la vie ait une signification, c'est différent. La morale, alors, n'est ni individuelle ni sociale ; elle est communautaire. La morale communautaire pose d'autres questions : Où sont mes solidarités, mes croyances, mes proximités, mes origines, mon environnement ?

Adhérer à des valeurs ne suffit pas à donner un sens. Seule une pratique donne une consistance à la vie. Et c'est ici que nous voyons l'importance de l'action aventureuse. Les valeurs prennent de la consistance lorsqu'elles s'intègrent dans un récit identitaire. Osons le dire, c'est seulement ainsi qu'elles deviennent crédibles.

Il est possible de trouver un sens à sa vie dans la sphère individuelle. Mais ce sens est limité par la mort individuelle. Il est possible de le poursuivre au-delà de la mort par une *réputation*. Mais les réputations ne survivent que dans un cadre collectif : soit un cadre social, soit un cadre communautaire.

La sphère publique peut-elle donner un sens plus large ? Les ténors de la politique et les hauts fonctionnaires se veulent de *grands serviteurs de l'État*. Ils manipulent une machine administrative. Leur adresse et leurs compétences dans la manipulation donnent du sens à leur vie. Ils posent leur empreinte sur la Machine et ils savent que la Machine, donc leur empreinte, leur survivra. Mais pour les autres, que dire ? Être un bon citoyen. Bien se tenir… Le civisme, l'obéissance, l'abnégation sont des postures et non pas des vertus. Pour qu'elles aient un sens, il faut les maquiller, leur donner une apparence humaine. *« La République nous appelle, sachons vaincre ou sachons périr… »*. Non, on ne meurt pas pour la République. On ne meurt pas pour l'État. On ne meurt pas pour la Machine ou, alors, on meurt pour rien. Les héros meurent pour défendre des biens communs, pas pour défendre des biens publics. On meurt à la guerre pour protéger les *siens*… Les *siens*, terme ô combien révélateur, dans lequel est tapi à la fois un sens et une communauté !

Nous pourrions multiplier les arguments. Là où j'en arrive, de façon maintenant un peu brutale, est que **seules les communautés auxquelles vous appartenez donnent une**

signification à votre vie. La justice, l'égalité, toutes les valeurs sociales ou universelles, auxquelles il faut ajouter les vérités historiques, génétiques, scientifiques, permettent d'expliquer ou de justifier une vie. Les solidarités, le don, le partage lui *donnent un sens.*

Mes identités communautaires écrivent le seul récit qui ne s'arrêtera pas à l'heure de ma mort. Le récit me dépasse. Mais j'y pose mon empreinte.

FAIRE BOUGER L'IDENTITÉ

L'identité est un récit. Lorsque le récit s'arrête, l'identité se fane. Une telle situation, je l'avoue, ne me convient pas. Il faut alimenter la bête. Je ne peux me satisfaire des nourritures intellectuelles que mes ancêtres bretons m'ont légué. Et d'autre part, je ne veux pas me laisser nourrir de la seule culture française. Une alimentation trop pauvre serait néfaste à ma santé. Une alimentation trop riche n'est favorable ni à l'exercice du corps, ni à la stimulation de l'esprit.

Comment aller au-delà, comment faire bouger l'identité, bref comment ne pas se contenter de rester à table ?

La philosophie occidentale moderne nous enseigne que l'homme est essentiellement un être temporel et historique. Il est ce que son histoire et son temps ont fait de lui. La condition de l'homme moderne[35] serait d'assumer cette temporalité et les conditionnements qu'elle impose. Mais c'est là aussi la condition du damné, qui ne peut échapper à un destin exigu.

Peut-on s'affranchir de la temporalité ?

La première voie serait de sortir de l'histoire humaine. Cette voie a été celle de grands courants spirituels orientaux, en particulier le taoïsme. Le Tao est cette permanence indescriptible que les *maîtres* rejoignent dans le non-agir[36]. Le Tao concerne les individus. A-t-il pu concerner des communautés ? Si l'effacement dans le grand Tout a été un succès, nous ne savons plus rien d'elles...

La deuxième voie serait, non pas de rejoindre un grand Tout, mais de *devenir* le grand Tout. C'est la prétention des religions missionnaires, des idéologies universelles, des grandes nations, des métropoles mondiales. L'individu est négligeable face à l'immensité du grand Tout, du corps mystique, de l'Oumma, du Communisme, de la France éternelle, de *Deutschland über alles*, de *America first*.

L'avantage du Grand Tout des taoïstes est qu'il n'a pas de concurrent. Ses adeptes vivent dans la paix et la bienveillance. En revanche, les désirs de totalité, portés par les grandes religions, idéologies, empires, métropoles mondiales, sont en concurrence permanente pour devenir le Grand Tout. Leur mission mondiale les condamne à l'expansion, à la conquête, à la guerre. C'est le prix à payer, nous disent-ils, pour atteindre la paix. La paix ? Nous ne sommes pas dupes. Les apôtres de toutes les missions universelles nous annoncent en réalité le Grand Conflit, leur Grand Conflit à eux : le combat de Dieu contre le Diable, du Bien contre le Mal, de la Liberté contre la Dictature, de la Civilisation contre la Barbarie, de la Science contre l'ignorance. Le missionnaire a pour vertu cardinale l'arrogance. Il débarque en terre étrangère avant le soldat, dont la vertu cardinale est l'abnégation. Ils n'apportent pas la paix, seulement la domination. Les empires modernes s'imposent par leur pensée, leur progrès, leurs profits.

Choisissons de ne pas vouloir la fin de l'histoire. Choisissons la temporalité. Choisissons d'écarter tous les paradis bien rangés que nous promettent à la fois les maîtres taoïstes et les missionnaires. Choisissons de prendre notre place dans une histoire humaine mouvante et multicolore. Cela passe par la revendication d'identités singulières face aux divers impérialismes. Les adeptes de cette troisième voie sont les polyhumanistes. Ils revendiquent leur appartenance à des communautés limitées, en route vers l'inconnu.

Parmi cette foule joyeuse et bigarrée, les aventuriers sans utopie se tournent parfois vers les religions non missionnaires[37]. On les croit marginales, ou pour le moins minoritaires. Voguant sur le cours de l'histoire, elles sont néanmoins les plus nombreuses. La passion de convertir des voisins et même des étrangers était inconnue dans l'ancienne Rome. Elle y est apparue de façon nette avec le christianisme. Selon certains historiens, il existerait un précédent. Le prosélytisme des Juifs de Rome en faveur d'un dieu suprême, dénommé Jupiter Sabazius par les écrivains romains, à partir sans doute du nom juif Yahvé-Sabaoth, serait la raison de leur expulsion en l'an 139 avant notre ère[38]. Les paganismes, dont le modèle est le Shintô japonais, expriment des points de vue, des manières de vivre et de percevoir, des croyances, une mythologie, un savoir-vivre en relation avec une tradition. Elles font partie, pourrait-on dire, d'un biotope communautaire tout en y infusant un dépassement, un au-delà de la perception, un au-delà du connu, un au-delà des explications.

Assumer nos identités, les transcender, trouver notre place dans une temporalité plus large… Face à nous, d'une part, la conviction athée d'un néant collectif ; d'autre part, l'immortalité de l'âme individuelle, toujours individuelle, promise par les grandes religions missionnaires. Entre les deux, voletant au-dessus peut-être, l'appartenance à l'aventure bretonne, transcendée par le mouvement, apporte la promesse de survie au sein d'une âme collective, une âme à laquelle nous participons. Nous, membres d'une communauté, sommes responsables de sa survie matérielle, physique, spirituelle. Nous sommes responsables de son mouvement. Voilà qui nous éloigne à la fois de l'éternité dans le grand Tout et du plongeon dans le grand Néant…

TRANSGRESSER LES NORMES

Pour faire bouger l'identité, pour qu'elle soit un vrai récit, un récit passionnant, il est nécessaire de prendre de la distance par rapport aux droits et aux règles de la société dans laquelle nous sommes immergés. Je m'astreins régulièrement à enfreindre des lois et des règlements, après m'être assuré que cela ne peut être préjudiciable à personne d'autre que moi-même. Cela permet de ne pas confondre ce qui est bon, ce qui est utile et ce qui est légal. Voilà trois qualités qu'il convient certes de cumuler à terme. Mais au départ, il convient plutôt de les distinguer, en privilégiant le bon et l'utile. Ne pas être dans son droit et le savoir nous apprend la prudence. Un peu d'insécurité permet de conserver des réflexes qui peuvent être vitaux. Le conseil que je donnerais aux jeunes gens qui se lancent dans la vie active est le suivant : cultivez la vigilance ! Ne vous endormez pas sur la protection des lois ! **Être écrasé par une voiture sur un passage pour piétons est la mort la plus stupide que je connaisse.**

Il existe des manières acceptables d'enfreindre les lois. Dans le monde économique, l'innovation dans un angle mort de la législation est une opportunité pour les petites entreprises. Les grandes entreprises n'osent pas s'y aventurer, sauf lorsqu'elles peuvent manipuler le législateur. Mon entreprise a ainsi proposé un service de signature électronique des ordonnances vétérinaires avant que la législation en ce domaine ne soit définitivement fixée. Anticiper, pour une start-up, c'est anticiper l'évolution de la demande, de la technologie ou de la législation. Le pari qui est pris est celui d'être en avance, mais pas trop quand même, sous peine de connaître le triste sort des poètes maudits. L'innovation artistique peut aussi constituer une infraction, mais rarement aux lois écrites ; elle est donc moins transgressive, malgré les apparences. Son intérêt réside en ce qu'elle peut enrichir l'héritage collectif. Ce n'est pas assuré, mais c'est possible.

LA NÉCESSITÉ VITALE DU COMMUNAUTAIRE

J'entends monter la clameur qui annonce l'effondrement. Elle se superpose à une autre, qui s'appelle la *juste revendication sociale*. Je veux que mes droits soient respectés ! Je veux être l'égal de celui qui, aujourd'hui, possède plus que moi. *« Que l'on me fasse justice ! »* est le cri de révolte ou d'indignation de celui qui dira plus tard *« Après moi le Déluge ! »*.

La somme des intérêts personnels est infiniment plus grande que l'intérêt collectif. L'idéal social d'égalité pille et gaspille la planète, en promettant à chacun d'être l'égal de son voisin. L'égal de celui qui possède quelque chose que je ne possède pas. Le triomphe du social précède et annonce son effondrement ou, pour présenter les choses de façon plus positive, précède et annonce le retour nécessaire du communautaire. Ce retour peut se faire sous différentes formes et même, paradoxalement, sous couvert de revendication sociale. Ainsi, en France, les régimes spéciaux de retraite ont créé des communautés fortes, très conscientes d'elles-mêmes, correspondant à ce que Max Weber nomme des *communautés statutaires*. Les manifestations de 2019 contre un régime universel de retraites illustrent magnifiquement cette conjonction entre un prétexte social et des intérêts communautaires qui pourraient être mis à mal par une égalisation, à moins d'imaginer un *ruissellement de gauche*, un ruissellement des avantages statutaires. Plus que le communautarisme breton ou l'islamisme radical, de telles manifestations annoncent l'éclatement probable de l'unité sociale face aux cohésions communautaires.

Au-delà de l'intérêt personnel ou des avantages statutaires, la première raison du retour au communautaire sera l'impératif environnemental. Le social, porte d'entrée vers la satisfaction des besoins de tous, est gourmand. Il a des besoins énormes. La frugalité ne fait partie, ni de ses procédures, ni de ses finalités, même si la bonne conscience contemporaine tient la sobriété pour une qualité honorable.

Autrefois, les idéaux sociaux nous faisaient rêver de la « prise au tas ». Les produits et les services devaient s'accumuler sous le contrôle d'un État bienveillant, et chacun aurait pu y prélever ce dont il avait besoin. Depuis quelques années, nous avons pris conscience que cet idéal social était en réalité complètement stupide, du fait de la limitation des ressources. Le tas est certes en partie renouvelable, mais il n'est pas extensible à l'infini. En cinquante ans, de 1950 à 2000, les rendements d'un hectare de riz ou de blé ont plus que triplé. La productivité a évolué plus rapidement que la population humaine, qui a plus que doublé dans la deuxième moitié du XXe siècle. On pouvait alors croire au slogan « A chacun selon ses besoins ». Depuis l'an 2000, la productivité stagne. Dans les pays riches, les contraintes administratives, les changements climatiques et la montée en gamme font même baisser les rendements dans les zones productives. Les conflits armés limitent ou gâchent les récoltes. Les hommes politiques des zones rurales craignent la fin des paysans. Ceux des banlieues parisiennes prédisent des émeutes de la faim, telles qu'elles existent dans les pays qui ne contrôlent pas leurs approvisionnements.

L'alimentation des populations n'est pas le seul secteur qui souffrira de la limitation des ressources. Entre les droits de chacun et la limitation des ressources, c'est le second terme qui, un jour ou l'autre, d'une façon ou d'une autre, imposera sa loi.

La fin de la « mondialisation heureuse » étendra les risques de pénuries aux pays riches. Les pénuries, quels que soient les produits concernés, font naître des nouveaux comportements, fondés sur les solidarités communautaires. Le partage de ressources vitales avec ses proches ne se soucie pas de règlements administratifs.

La seconde raison du retour du communautaire est la révolution technologique. La nouvelle économie s'épanouit à travers des communautés : communautés de développeurs, communautés de consommateurs, communautés de prestataires de services. La révolution numérique contourne les sociétés. Elle se moque des institutions. Les notions de justice et d'égalité deviennent floues lorsque les administrations perdent leur rôle régulateur et lorsque les innovations bouleversent les modes de vie.

La troisième raison du retour du communautaire est que la complexité sociale devient insupportable. Elle s'oppose à l'appartenance et ne répond plus au désir de *vivre-ensemble*. Les décisions gouvernementales et administratives sont prises en tenant compte de facteurs complexes, hors de portée de la compréhension du citoyen lambda. De plus, lorsque l'État tente de conjuguer la justice, l'égalité et la protection sociale, qui sont ses prérogatives traditionnelles, avec le respect des différences, son rôle devient incompréhensible. Notre citoyen lambda se cherche d'autres refuges et d'autres références collectives, plus proches et plus simples. Il a un besoin naturel de comprendre son environnement.

La quatrième raison est le coût de gestion administrative de la société. Depuis l'ouvrage de Joseph Tainter[39] sur l'effondrement des sociétés complexes, plusieurs études ont montré que, au-delà d'un certain seuil, lorsque la complexité de l'administration publique s'accroît, son rendement décroit jusqu'à devenir négatif. Les entreprises privées, les associations, les familles, les clans et diverses formes communautaires se réapproprient alors ce qui avait été monopolisé par l'État. Les coupes budgétaires et la vente de propriétés publiques deviennent inéluctables. Ceux qui dépendent de l'État en sont scandalisés ; leurs indignations contribuent à le déstabiliser plus encore.

La cinquième raison est la recherche de signifiants communs. Quand j'écoute mes concitoyens, j'entends, comme un refrain obsédé et obsédant, *« vivre ensemble »* et *« donner du sens »*. Il y a là un appel à plus de communauté. La société, où chacun se doit d'obéir à la même loi et revendiquer les mêmes droits, n'est pas suffisante pour vivre ensemble. En fait, l'idéal social de justice et d'égalité a perdu son sens. La revendication sociale s'exprime désormais de plus en plus par une judiciarisation des rapports que le citoyen entretient avec les administrations, les entreprises, les associations, les voisins, jusqu'aux membres de sa famille. Le défi aux rapports de force, qui avait aiguillonné les socialistes et ouvert le chemin aux conquêtes sociales, est passé de mode. Très logiquement, la modernité a poussé le conflit social vers le conflit juridique. Le révolutionnaire a cédé la place au plaideur. Le défi social stimulait la confrontation des explications et des significations. La judiciarisation délègue à des professionnels du droit le choix de l'explication et de la signification, en fonction de leur force argumentaire devant un tribunal. L'individu en attente d'évolution ou de révolution, recadré par la plaidoirie de ses conseillers juridiques, ne sait plus où il en est.

La sixième raison est la quête de relations de confiance. Ce désir est parfaitement naturel. Avoir confiance en soi, et en d'autres que soi, est la condition de la prise de risque ; le risque que prend l'artiste, l'entrepreneur, l'innovateur. L'expérience historique du communisme au XXe siècle est celle d'une utopie qui prétend supprimer les risques individuels en les collectivisant. Le risque est alors pris en charge entièrement par la société. L'aventure s'est soldée par un incroyable retard économique, scientifique et artistique par rapport au « monde libre ».

Bien des observateurs ont remarqué que la société française est une société de défiance. Il faut relier cette défiance à la tradition républicaine, qui est de la même famille que l'utopie soviétique. La logique du handicap social de cette famille politique est facile à dessiner. En premier lieu, les institutions, qui se veulent protectrices, sont fondées sur des procédures à respecter. Or les procédures sont fondées sur des comportements standardisés. Cette standardisation passe par des obligations de moyens bien plus que par des obligations de résultats. Dans le chapitre 3, j'ai décrit l'inflation qu'ont subi les obligations de moyens dans mon domaine professionnel et le gaspillage qui s'en suit, au détriment des plus dynamiques ou des plus innovants. Avec les obligations de moyens, les lourdeurs et la méfiance sont inévitables. Plus les institutions sont puissantes, moins la confiance est sollicitée et moins la société évolue. Dans le cas de l'Union soviétique, l'effondrement socio-économique en a été la conséquence.

La septième raison du retour du communautaire sera l'attrait du partage sans calcul. *Le tout social* est l'épilogue de la modernité. Il est le fruit de la Raison. Dès la Renaissance, la justice et l'égalité ont été présentées comme des valeurs liées à la fois à la pensée, au progrès et au profit. Le social, c'est la juste tarification des échanges. Quand le respect de chaque individu devient à la fois un droit et un devoir, l'individu occupe la place centrale. Tout cela débouche fatalement sur l'individualisme. Une telle perspective n'a rien de réjouissant : c'est celle de n'être qu'un marchand de soi-même.

L'espace social est le lieu où on échange selon des normes. On y fait constamment la différence entre ce qui est à moi, ce qui est à toi, ce qui appartient à l'entreprise, ce qui appartient à l'État. Les espaces communautaires remettent joyeusement en cause les propriétés de chacun et les comportements qui y sont liés. On y donne et on y prend au vu de tous, sans calcul, sans se référer à un tarif légal, sans revendiquer la juste transaction. Ce sont des lieux où la sensation et le sentiment priment, où l'on aime et où l'on déteste. Des lieux où l'on peut se permettre d'admirer, sans souci d'un profit. Dans l'espace communautaire, on s'assemble entre proches, autour d'un récit, d'une croyance, d'un rêve, d'une origine commune, d'une langue, d'une gastronomie, d'un art, d'un savoir-vivre.

Revendique tes droits ! L'injonction sociale fait passer mon bien avant tout autre chose, y compris avant le bien de la planète, quoiqu'en disent les utopistes et les démagogues. Je me compare aux autres et je revendique ma part, sous couvert d'égalité des droits. Chez quelques-uns qui se moquent des droits sociaux, qui disent « Il faut » et rarement « J'y ai droit », je ressens l'orgueil des barbares. J'en connais bien d'autres qui leur ressemblent, la violence en moins. Ils ont le goût de la simplicité. Je les entends murmurer « Fais comme à la maison ! ». Il n'y a, là-dedans, aucune référence aux droits. L'injonction communautaire porte à éteindre la lumière derrière soi, à ne pas gaspiller, à aider bénévolement pour ne pas compliquer une tâche. L'initiative bienveillante agace le bon citoyen, qui sent que ses valeurs sont court-circuitées. Être bienveillant n'est pas être juste, comme l'exige le social ; mais la bienveillance est bien plus économe que la justice.

LE CYCLE SOCIAL-COMMUNAUTAIRE

L'époque moderne a vu émerger l'État. L'institution étatique a donné de l'importance aux relations sociales normalisées par la législation. Elle a imposé sa monnaie afin de garantir la tarification des échanges. Elle a individualisé les droits et les devoirs. Elle s'est même substituée à Dieu en prescrivant une morale. Les « valeurs de la république » font partie de notre liturgie patriotique ; elles auraient étonné et indigné l'homme médiéval. Elles étonneront sans doute l'homme futur.

Nous voilà donc parvenus à un sommet, le triomphe de la société sur les communautés. Au XIXe siècle, le *socialisme*, idéal de société, sape les bases communautaires du travail et en fait une valeur sociale. Le travailleur ne se rend pas utile aux autres ; il *vend sa force de travail* et il en exige une rémunération. Dans la société, tout le monde devient marchand : marchand de son temps, de ses compétences, de soi-même. Un contrat et un calcul, comme dans tous les rapports sociaux, sont indispensables. Le travail devient contractuel. Le calcul relie la rémunération à un minimum vital et à la valeur d'échange de la marchandise. Au XXe siècle, le socialisme en arrive à une vénération extravagante pour l'institution toute-puissante qui tient lieu d'arbitre. L'État, le *Service Public*, doit être le garant du contrat social entre le travailleur et l'entreprise, entre le consommateur et le producteur, entre l'individu et les diverses collectivités publiques ou privées. L'État doit être le garant de l'égalité, de la justice, de l'échange bien tarifé.

Le passage de l'**appartenance** sociale à la **revendication** sociale a marqué les temps modernes. Le passage de l'appartenance communautaire à la revendication communautaire pourrait bien marquer la période historique suivante[40].

Le retour au communautaire, nous venons de le voir, correspond à une nécessité vitale. Ce ne sera pas la première fois que les Européens connaîtront une telle révolution. Voyons comment se sont déjà passées les choses à une époque précédente.

L'édit de Caracalla, en 212 après Jésus-Christ, avait marqué juridiquement le triomphe de la société sur les communautés. Le statut de citoyen romain avait été décerné à tous les hommes libres de l'empire. Les différentes communautés étaient niées. L'administration ne faisait plus de distinction de religion, de race, de statut social, de langue, de culture. Certains historiens y ont vu une décision à objectif fiscal, mais rien ne vient confirmer cette hypothèse. L'évolution vers l'uniformisation sociale était depuis longtemps enclenchée. Seule la citoyenneté importait.

Puis advint la chute de l'empire romain. Les rapports sociaux se sont effondrés. Les relations humaines sont redevenues communautaires. Les deux éléments qui permettent l'échange tarifé sont le contrat écrit et la monnaie. L'un et l'autre s'évanouissent. Leurs traces archéologiques deviennent rares : absence de pièces de monnaie, écrits quasi-inexistants. Ce comportement n'était pas dû à une ignorance des techniques monétaires ou de l'écriture. Les Germains et les Celtes, dont des milliers ont connu et défendu l'empire romain jusqu'à sa chute, ont tout simplement négligé l'écriture. De la même manière, l'utilisation de la monnaie dans les échanges commerciaux se démode assez curieusement. L'argent ou l'étain servent toujours de paiement, mais ce sont alors des richesses concrètes, et non des symboles financiers abstraits. Le troc devient le mode d'échange le plus commun. Les Bretons, de toutes façons, utilisaient bien plus souvent le paiement en bétail que le paiement en argent. Une trace de cette coutume s'est transmise dans le langage actuel. Le mot vieux-breton *solt* (« sou »), qui évoque aussi la solde des soldats, a donné en breton moderne le mot pluriel *saout*, qui désigne les vaches[41].

Il en fût de même lors de la disparition de la civilisation de l'Indus en Inde. Les Aryens, malgré leur confrontation plus que probable avec cette civilisation dont les vestiges démontrent à la fois un système d'écriture et des habitudes commerciales, n'ont pas daigné emprunter de telles commodités.

Après la disparition de la société romaine, la vie se poursuit en Europe de l'ouest sur un mode communautaire. Au Moyen-Âge, les diverses fidélités structurent la vie en commun. La première d'entre elles est la religion. Elle est à la fois culture, croyance, vénération, moralité, coutume, rites collectifs, organisation du temps. D'autres fidélités s'y superposent. Fidélité du vassal envers son seigneur. Fidélité du villageois envers la communauté villageoise. Fidélité envers le voisinage immédiat, dont la collaboration est indispensable lors des grands travaux.

Voyons cette évolution de plus près.

Nous partons de l'analogie entre l'édit de Caracalla de 212 et la publication du *Code civil des Français* en 1804. Tous citoyens ! Tous égaux devant la loi ! L'analogie devient troublante lorsque l'histoire de la société romaine et celle de la société française sont mises en parallèle, à 1592 ans de distance.

Quinze ans avant l'Édit de Caracalla, ce n'était pas la nuit du 4 août à Rome, mais l'épilogue d'une guerre civile. Les caisses de l'État sont vides. Les légions qui maintiennent l'ordre dans les provinces se considèrent comme les plus authentiques citoyens de l'empire. À ce titre, les légionnaires élisent eux-mêmes l'empereur qui doit régner à Rome, en l'occurrence leur commandant. Septime Sévère est plébiscité par les légions de Pannonie et de Germanie. Il entame immédiatement sa marche sur Rome. En Syrie, Pescennius Niger est proclamé empereur par ses troupes. Dans l'île de Bretagne, Clodius Albinus réclame sa part de pouvoir. Septime Sévère prend le dessus sur les autres prétendants. Il se donne le titre de *dominus* et se fait représenter sous les traits de Jupiter. Septime Sévère est à la fois Robespierre, Barras et Napoléon. Il est inflexible dans ses décisions et s'entoure de conseillers austères. Il sait courtiser le peuple par des réformes opportunistes. Il aime la guerre et veut être un grand conquérant. Il centralise l'administration et nivelle le statut de provinces, qui avait déjà été érodé par les empereurs précédents. L'édit de son fils Caracalla, un an après sa mort, n'est qu'une confirmation juridique de sa politique.

Une particularité doit être notée. Septime Sévère est le premier empereur de Rome qui ne soit pas italien. Près de 1600 ans plus tard, Robespierre est natif de l'Artois, province *réputée étrangère* avant la Révolution. Barras est natif de Provence, province elle aussi *réputée étrangère*. Napoléon est Corse. À sa naissance, la République de Gènes vient de vendre l'île de Beauté à la France, sans l'aval de ses habitants.

Avant Septime Sévère, le « siècle d'or des Antonins » fait référence à une dynastie romaine qui règne de 96 à 192 apr. JC. Près de 1600 ans plus tard, le « siècle d'or de Louis XIV » en France déploie les mêmes splendeurs et les mêmes agressivités. Louis XIV (1638-1715) est le « contemporain » de Trajan (53-117) et de ses successeurs. Sous le règne de Trajan, le premier des Antonins, l'empire romain est à son apogée. L'empereur organise des fêtes fastueuses. Il fait construire de magnifiques monuments. Aux frontières de l'empire, il engage des guerres contre les Daces, les Parthes, les Arméniens et bien d'autres peuples. Malgré les butins énormes prélevés sur les territoires soumis, les dépenses somptuaires et guerrières affaiblissent le trésor impérial. La monnaie est dévaluée en l'an 107.

Près de 1600 ans plus tard, sous Louis XIV, on retrouve les fêtes fastueuses, les monuments magnifiques, les guerres d'invasion. Le déficit public est maximum à la fin du XVIIe siècle[42].

Environ 70 ans après l'Édit de Caracalla, en 284, Dioclétien devient empereur à Rome. Il met fin à la *Crise du Troisième siècle*, au cours de laquelle l'empire fait face à des difficultés de natures diverses. Outre les crises économiques et politiques, l'empire a vu apparaître à l'Est un ennemi d'une puissance équivalente à la sienne : les Perses Sassanides. En 260, l'empereur Valérien a été vaincu et capturé par les Perses.

Dioclétien transforme fondamentalement le régime. Il divise l'empire en provinces administratives sans lien avec les peuples qui y vivent. Les provinces elles-mêmes sont morcelées administrativement. Cette décentralisation aveugle entraîne une augmentation considérable du nombre de fonctionnaires. Les administrateurs sont choisis sur leurs qualités et non sur leur hérédité, comme cela était la règle dans l'antique République romaine. Un fichage des citoyens est mis en place ; il s'avère efficace lors des persécutions anti-chrétiennes. Le christianisme devient néanmoins la religion dominante sous le règne de son successeur, Constantin. La défense des frontières est une préoccupation majeure pour Dioclétien. Les solutions qu'il met en place ne sont pas guerrières ; la paix procure des avantages nombreux, pour le régime et pour la population. Le règne de Dioclétien est beaucoup moins agité que les règnes précédents.

Environ 1600 ans plus tard, la France sort d'une suite de régimes qui se contredisent : deux dynasties royales, un intermède républicain, puis le Second empire. Cette série se conclut par la défaite militaire de 1870, une invasion prussienne et les émeutes parisiennes de la Commune. En 1870, l'empereur Napoléon III est vaincu et capturé par les Prussiens, 1610 ans après la capture de l'empereur Valérien par les Perses.

Au cours des années suivantes, la Troisième République, comme le fit Dioclétien, stabilise l'édifice étatique. Le nouveau régime met en place une administration beaucoup plus fournie que les régimes précédents. L'armée est purgée de ses officiers chrétiens ; cet épisode est connu par une polémique nommée *l'affaire des fiches*. Ce clivage sera oublié lors de la guerre 14-18 par l'appel des gouvernants à l'*Union sacrée*.

Nous pourrions poursuivre ces étonnantes analogies entre l'empire romain et la France, à 1600 ans de distance. Contentons-nous de pointer malicieusement un événement, l'abdication du dernier empereur romain, en 476. Cette année est prise comme date de fin de l'Antiquité - dans sa référence romaine -, 264 ans après l'édit de Caracalla. Dans ce cas, la fin de la Modernité – dans sa référence française - et le renversement du rapport sociétécommunauté pourrait être prophétisé pour l'année 2068, 264 ans après la promulgation du *Code civil des Français*, 279 ans après la nuit du 4 août 1789…

Nous venons de glisser du calcul à la prophétie… Ce glissement sarcastique n'est pas involontaire. Il apporte à notre réflexion commune une conclusion originale.

L'histoire nous a appris que les sociétés disparaissent, alors qu'elles sont considérées de leur vivant comme des évidences. L'histoire nous apprend aussi que les grands idéaux ne sont pas éternels. Plusieurs indices, et pas seulement des prophéties, annonce une mutation profonde de l'organisation collective en Europe de l'Ouest. Pour paraphraser un grand écrivain français, sans le trahir, nous pourrions conclure : *le XXIe siècle sera communautaire ou ne sera pas.*

Oui, les temps changent. Les identités s'affirment, les aventures communautaires émergent à nouveau. Les réalités singulières prennent leur revanche sur les vérités universelles. Donner un sens à sa vie devient plus intéressant que de profiter de la vie. Pour d'autres, qualifiés de fous, donner un sens à sa mort devient essentiel. Quoiqu'il en soit, et pas seulement dans notre coin d'Europe, les réponses communautaires correspondent de mieux en mieux aux questions existentielles, bien mieux que les réponses sociales, figées dans un formalisme juridique, politique, comportemental et intellectuel, devenu mortifère.

Jean Pierre Le Mat

Fin du premier livre de la série « Qu'est-ce qu'une nation au XXIe siècle ? »
Livre 1 : « l'Identité contre la Raison »
Livre 2 : « L'hypothèse de l'Hermine »
Livre 3 : « Du rêve démocratique à l'aventure nationaliste »

QUELQUES NOTES ET RÉFÉRENCES SIGNIFICATIVES

Les références et les faits scientifiques évoqués ici sont ceux d'une époque, la fin du XXe siècle et le début du XXIe siècle. Il faut les considérer comme illustratifs, non pas d'une vérité, mais d'une époque. Je demande au lecteur du futur une certaine clémence par rapport à ce que je présente comme des avancées scientifiques, et qui n'en seront plus au moment où il me lira. Qu'il n'en tire aucune vanité. Sa science, même si elle est plus avancée que la mienne, n'est pas plus définitive. Les connaissances continueront à évoluer après moi ; elles continueront aussi après toi, cher lecteur.

---

1 Voir : Albert Memmi « Portrait du colonisateur, portrait du colonisé », Folio, 2002
2 Téléchargeable sur http://classiques.uqac.ca/classiques
3 Voir http://www.contreculture.org/AT_Libre_Pensee.html.
4 R. Dawkins, « The selfish gene", Oxford University Press, 1976
5 S. Blackmore. « La théorie des mèmes » Ed Max Milo, 2006
6 H. Boom « Le principe de Lucifer », Ed Le jardin des livres 2001
7 H. Mendras, « Éléments de sociologie » Ed. A ; Colin, 1967
8 Science et Vie n° 660, septembre 1972, p. 71
9 J. Ruffié, « De la Biologie à la culture », Flammarion 1983
10 D.Price Williams « Études culturelles comparatives » in « Les voies nouvelles de la psychologie » t. 2, Ed Gérard et Co, Belgique, 1971
11 N Tinbergen, « Le comportement animal », Ed. Time, 1968, p. 40
12 A.A. Tomatis, « l'oreille et la vie », ed. Laffont, 1970
13 Science et Vie, n° 765, juin 1981, p. 64-68
14 Science et vie, n° 755, Août 1980, p. 30-35.
15 Voir tous les livres de Marshall MacLuhan et en particulier « Pour comprendre les medias », Ed Seuil, Coll Points, 1977
16 Ouvrage collectif sous la direction de : Thomas Lepeltier, Yves Bonnardel, Pierre Sigler, « La révolution antispéciste », Ed PUF, 2018

17 Marc Halevy m'a beaucoup apporté sur les changements cycliques de paradigmes et leurs conséquences. Voir le site https://www.noetique.eu/noetique
18 Voir https://www.lhistoire.fr/quest-ce-que-la-droite
19 https://lincorrect.org/quest-ce-que-la-droite-par-chantal-delsol/
20 Sur ce sujet il faut lire « Les identités meurtrières », Amin Maalouf, le livre de poche, 2001
21 G. Burdeau, Manuel de droit constitutionnel et Institutions politiques, 20ème édition LGDG 1984)
22 *« Il est deux catégories de Français qui ne comprendront jamais l'histoire de France : ceux qui refusent de vibrer au souvenir du sacre de Reims ; ceux qui lisent sans émotion le récit de la fête de la Fédération. »* (Marc Bloch / L'étrange défaite)
23 Le diagramme classique d'Ishikawa range les causes possibles en 5 catégories, appelées les 5M. Premier M : la matière. Ce sont les produits entrants dans le processus. Second M : le matériel. Ce sont les équipements, les machines, les logiciels, les technologies. Troisième M : les méthodes. C'est le mode opératoire, le process, les plans. Quatrième M : la Main d'œuvre. Ce sont les ressources humaines, les compétences. Cinquième M : le Milieu. C'est l'environnement, le contexte.
24 La schématisation proposée s'inspire de la méthode HACCP (Hazard Analysis Critical Control Point). C'est une méthode de maitrise de la sécurité sanitaire. Elle se dégage des liens de causes à effets pour aborder les réalités à partir des facteurs de risques et des facteurs-clés de succès. Le Graal serait un ensemble d'algorithmes, analysant les milliers de données issues d'une communauté humaine, permettant une analyse multi-factorielle utile à cette communauté et à celles qui sont en relation avec elle. Cette recherche du Graal de l'identité et de la culture a été tentée par des chercheurs, comme Fons Trompenaars, Geert Hofstede ou Richard Lewis. Le commentaire ou la critique des travaux de ces chercheurs nous entrainerait trop loin, sans faire avancer notre sujet. Le big data et l'intelligence artificielle pourraient aussi revendiquer leur place dans l'analyse du phénomène identitaire. Ils le feront sans doute, d'une manière ou d'une autre.
25 Antonio Damasio « L'ordre étrange des choses », Ed Odile Jacob, 2017
26 Jean Paul Sartre « Critique de la raison dialectique » Bibliothèque des Idées. Gallimard, 1960.
27 Louis Althusser « Pour Marx », Ed. Maspero, 1965
28 Oscar Wilde, « L'âme humaine sous le régime socialiste », Ed L'églantine, Bruxelles, 1927
29 Thomas Franck, « Pourquoi les pauvres votent à droite » Ed Agone, 2013
30 Conseil Supérieur de l'Audiovisuel
31 Parodie du discours du jacobin Barère du 8 Pluviôse an II

32 Voir en particulier James C. Scott, « Homo Domesticus », Éditions La Découverte, 2019

33 Voir https://www.cairn.info/revue-le-journal-de-l-ecole-de-paris-du-management-2009-6-page-31.htm

34 JP Le Mat « Patrick Pearse et l'insurrection irlandaise de 1916 » Ed Coop Breizh, 2000

35 Ce thème a été étudié par Hannah Arendt (« Condition de l'homme moderne », Ed Calmann-Lévy, Coll Pocket, 1961) et par de nombreux auteurs. La question est une des questions centrales de la philosophie, mais aussi des religions.

36 Voir les écrits de Lao-Tseu et Tchouang-Tseu. On peut aussi se reporter au livre de John Blofeld, « Taoïsme, la quête de l'immortalité », Ed Dangles, 1982, ou consulter utilement l'ouvrage de Mircea Eliade, « Le Yoga, immortalité et liberté », Ed Payot, 1991.

37 De nombreuses études sont disponibles sur internet. Voir en particulier François Boesplug, « religions missionnaires, religions non missionnaires », revues des sciences religieuses, Faculté de théologie catholique de Strasbourg, 2006.

38 E. Mary Smallwood, « The Jews under Roman Rule: From Pompey to Diocletian: A Study in Political Relations », paperback 2014

39 Joseph A. TAINTER «The Collapse of Complex Societies », Cambridge University Press, 1988

40 Le passage d'une période historique à une autre a été étudiée par de nombreux auteurs. Il faut retenir en priorité Marc Halevy. Voir, entre autres « Prospective : 2015-2025 », Ed. Dangles, 2011 ; « Du rêve aux possibles », Ed Locarn, 2017 ; « Où va l'humanité ? », Ed. Diateino, 2021.

41 L. Fleuriot « les origines de la Bretagne », Payot 1980, p.37.

42 Alain Guéry « Les finances de la monarchie française sous l'Ancien Régime » Revue des Annales, 1978 33-2, pp 216-239

www.ingramcontent.com/pod-product-compliance
Ingram Content Group UK Ltd.
Pitfield, Milton Keynes, MK11 3LW, UK
UKHW021127260726
13994UKWH00001B/12